健脑益智有趣
胎教睡前故事

王山米 ★ 主编

吉林科学技术出版社

图书在版编目（CIP）数据

健脑益智有趣胎教睡前故事 / 王山米主编 . -- 长春：
吉林科学技术出版社，2024.4
ISBN 978-7-5744-1061-9

Ⅰ．①健… Ⅱ．①王… Ⅲ．①胎教 – 基本知识②儿童
故事 – 作品集 – 世界 Ⅳ．① G610.8 ① I18

中国国家版本馆 CIP 数据核字（2024）第 057735 号

健脑益智有趣胎教睡前故事
JIANNAO-YIZHI YOUQU TAIJIAO SHUI QIAN GUSHI

主　　编	王山米
出 版 人	宛　霞
责任编辑	周　禹
全案策划	悦然生活
幅面尺寸	167mm×235mm
开　　本	16
印　　张	12
页　　数	192
字　　数	192千字
印　　数	1-5 000册
版　　次	2024年4月第1版
印　　次	2024年4月第1次印刷
出　　版	吉林科学技术出版社
发　　行	吉林科学技术出版社
地　　址	长春市福祉大路5788号
邮　　编	130118
发行部电话/传真	0431-81629529　81629530　81629531
	81629532　81629533　81629534
储运部电话	0431-86059116
编辑部电话	0431-81629518
印　　刷	吉林省创美堂印刷有限公司
书　　号	ISBN 978-7-5744-1061-9
定　　价	49.90元

如有印装质量问题　可寄出版社调换
版权所有　翻印必究　举报电话：0431-81629508

前言

本书，
根据胎宝宝的成长，
为你提供了最感人的赞颂生命、爱情和母亲的诗歌和散文，
最经典的胎教音乐和名画，
全世界儿童都喜欢的儿歌和童话故事，
超有趣的益智游戏，
最简单的简笔画和手工，
……

快点跟随我们的脚步，
做一名快乐、幸福的准妈妈吧！
在快乐的氛围中，
实现爱的传递！

目录

胎教越早开始越好

第 1 周　期待爱的小天使 / 12
第 1 天　开启一段趣味旅程 / 12
第 2~3 天　胎宝宝就是个鬼马小精灵 / 13
第 4~5 天　有趣故事会：《熊丫头的红裙子》/ 14
第 6~7 天　"孕"的有趣变化 / 16

第 2 周　期待最完美的邂逅 / 17
第 8~10 天　受孕是个神奇的过程 / 17
第 11~12 天　有趣故事会：《小牧童的回答》/ 18
第 13~14 天　聪明的古人怎样做胎教 / 20

第 3 周　生命的种子悄悄萌芽 / 21
第 15~16 天　开始踏上"幸孕"的旅程 / 21
第 17~19 天　在家 DIY 一杯鲜豆浆 / 22
第 20~21 天　未来的宝宝会像谁 / 23

第 4 周　一颗小种子安全着床 / 24
第 22~23 天　别迷糊得不知道自己怀孕了 / 24
第 24~25 天　绘画欣赏：《蒙娜丽莎》/ 25
第 26~28 天　动脑游戏：脑筋急转弯 / 26

怦怦怦！听到心跳啦

第 5 周　我和妈妈心心相印 / 28
第 29 天　享受"想象"带来的美好体验 / 28
第 30~31 天　妈妈多读书，宝宝长智慧 / 29
第 32~33 天　有趣故事会：《木马退休》/ 30
第 34~35 天　好玩的树叶贴画 / 32

第 6 周　长出胳膊和腿了 / 33
第 36~37 天　动手来玩七巧板 / 33
第 38~39 天　情绪胎教：惠养胎宝宝的心灵操 / 34
第 40~42 天　营养胎教：柠檬姜汁解孕吐 / 35

第 7 周　脑垂体开始发育 / 36
第 43 天　适合孕妈妈的运动 / 36
第 44~45 天　动脑游戏：快来玩数独 / 37
第 46~47 天　有趣故事会：《小烟囱的故事》/ 38
第 48~49 天　音乐胎教：唱儿歌给宝宝听 / 40

第 8 周　能在羊水中活动了 / 41
第 50~51 天　树式瑜伽做起来 / 41
第 52~53 天　动脑游戏：玩魔方 / 42
第 53~54 天　古诗欣赏：《采莲曲》《小池》/ 43
第 55~56 天　有趣故事会：《爱笑的小花》/ 44

孕 3 月　一副小人儿的模样

第 9 周　在水中自由舞动 / 46
第 57 天　营养胎教：低盐的肉末蒸蛋 / 46
第 58~59 天　动脑游戏：门萨测试 / 47
第 60~61 天　有趣故事会：《小兔过桥》/ 48
第 62~63 天　音乐胎教：欣赏京剧 / 50

第 10 周　正式成为"胎儿" / 51
第 64~65 天　名画欣赏：《睡莲》/ 51
第 66~67 天　听萌宝宝的童言童语 / 52
第 68~70 天　深呼吸有助胎教 / 53

第 11 周　在妈妈肚子里不停活动 / 54
第 71 天　手工胎教：十字绣 / 54
第 72~73 天　轻松益智的脑筋急转弯 / 55
第 74~75 天　有趣故事会：《聪明的小毛驴》/ 56
第 76~77 天　教胎宝宝认字 / 58

第 12 周　手舞足蹈的小可爱 / 59
第 78 天　《三字经》节选 / 59
第 79~82 天　有趣故事会：《蘑菇桌》/ 60
第 83~84 天　美育胎教：给宝宝画几幅画 / 62

加强胎教的作用

第13周　手能握成小拳头 / 64
第85天　给宝宝写首可爱的小诗 / 64
第86~87天　蒙学经典:《百家姓》/ 65
第88~89天　有趣故事会:《快活的大汽车》/ 66
第90~91天　音乐胎教:《蓝色多瑙河》/ 68

第14周　骨头一点点硬实了 / 69
第92~93天　知识胎教:"喵星人"的神奇之处 / 69
第94~95天　学习简单的趣味图形 / 70
第96~98天　年画欣赏:《射桃子》/ 71

第15周　能感觉到光线强弱了 / 72
第99天　运动胎教:做有氧操 / 72
第100~101天　用手语跟宝宝道早安、晚安 / 73
第102~103天　动手巧做意大利肉酱面 / 74
第104~105天　有趣故事会:《司马光砸缸》/ 76

第16周　握拳、伸脚、眯眼,这些我都会了 / 78
第106天　名曲欣赏:《糖果仙女舞曲》/ 78
第107~108天　看看可爱的萌宝宝吧 / 79
第109~110天　有趣故事会:《三个和尚》/ 80
第111~112天　名画欣赏:《小淘气》/ 82

宝贝的小手碰到妈妈啦

第17周　我能听见妈妈的肚子咕咕叫了 / 84
第113天　欣赏《八骏马》十字绣 / 84
第114~115天　运动胎教:快步走和半蹲练习 / 85
第116~117天　有趣故事会:《聪明的木匠》/ 86
第118~119天　营养胎教:补钙助生长 / 88

第18周　跟妈妈玩捉迷藏 / 89
第120天　成语故事:揠苗助长 / 89
第121~122天　手工课:折百合花 / 90

第123~124天　有趣故事会:《乌鸦喝水》/ 92
第125~126天　手工课：折千纸鹤 / 94

第19周　能听见羊水内外的声音 / 95
第127~128天　古诗欣赏:《归园田居》(其一) / 95
第129~130天　一家三口的互动游戏 / 96
第131~133天　运动胎教：转动腰部和推动骨盆 / 97

第20周　能记住准爸爸的声音 / 98
第134天　动脑游戏：猜谜语 / 98
第135~136天　光照胎教：胎宝宝来晒太阳吧 / 99
第137~138天　有趣故事会:《拔萝卜》/ 100
第139~140天　名画欣赏:《诱惑》/ 102

你喜欢爸爸给你唱的歌吗

第21周　我越来越聪明了 / 104
第141天　妈妈变出小兔子 / 104
第142~143天　带宝宝认识有趣的小动物 / 105
第144~145天　有趣故事会:《矮儿子们的生活》/ 106
第146~147天　冥想让心绪安宁 / 108

第22周　恒牙的牙胚在发育 / 109
第148天　诗歌欣赏:《远方》/ 109
第149~150天　唱曲调优雅的《雪绒花》/ 110
第151~152天　玩《愤怒的小鸟》/ 111
第153~154天　有趣故事会:《丑陋的小刺猬》/ 112

第23周　能模模糊糊地看东西了 / 114
第155~156天　诗歌欣赏:《定风波》/ 114
第157~158天　有趣的手指健脑操 / 115
第159~161天　有趣故事会:《爱思考的小欧拉》/ 116

第24周　感受妈妈的喜怒哀乐 / 118
第162~163天　火眼金睛找不同 / 118
第164~165天　名画欣赏:《音乐课》/ 119
第166~168天　顺产瑜伽 / 120

做些让胎宝宝更聪明的胎教

第 25 周　抓住自己的脚嘬个不停 / 122
第 169 天　笑一笑：哪里景色好 / 122
第 170~171 天　戏曲欣赏：黄梅戏《天仙配》/ 123
第 172~173 天　有趣故事会：《做白日梦的小女孩》/ 124
第 174~175 天　学习帮助分娩的拉梅兹呼吸法 / 126

第 26 周　听着外面的欢声笑语，我会拍手笑 / 127
第 176 天　诗歌欣赏：《竹枝词》/ 127
第 177~178 天　营养胎教：蔬菜和水产品不可少 / 128
第 179~180 天　你会玩胎动游戏吗 / 129
第 181~182 天　有趣故事会：《智惩大灰狼》/ 130

第 27 周　我已经学会打嗝了 / 132
第 183 天　胎教音乐：《月光》/ 132
第 184~185 天　准爸爸讲笑话：千万别喝水 / 133
第 186~187 天　有趣故事会：《捞皮球》/ 134
第 188~189 天　儿歌简笔画：电扇 / 136

第 28 周　我是文静还是活泼，妈妈应该知道了 / 137
第 190 天　认字儿歌唱起来 / 137
第 191~192 天　古诗欣赏：《春江花月夜》/ 138
第 193~194 天　动动脑猜字谜 / 139
第 195~196 天　名画欣赏：《摇篮》/ 140

时睁时闭的小眼睛

第 29 周　我能转头避开光线了 / 142
第 197 天　认识"爱"这个字 / 142
第 198~199 天　多双慧眼发现生活中的美 / 143
第 200~201 天　有趣故事会：《父子扛驴》/ 144
第 202~203 天　营养胎教：鱼让胎宝宝更聪明 / 146

第 30 周　我会睁眼闭眼了 / 147
第 204 天　教胎宝宝认识红色吧 / 147
第 205~206 天　动手给胎宝宝做卡片 / 148

第 207~208 天　准爸爸多抚摸宝宝 / 149
第 209~210 天　有趣故事会:《蠢汉和毛驴》/ 150

第 31 周　我是会学习的小天才 / 152
第 211 天　孕妈妈插花,装扮温馨居室 / 152
第 212~213 天　认识数字 / 153
第 214~215 天　有趣故事会:《猴子和螃蟹》/ 154
第 216~217 天　什么是圆 / 156

第 32 周　我现在长出脚指甲了 / 157
第 218 天　"推、推、推"的游戏 / 157
第 219~220 天　胎教音乐:《致爱丽丝》/ 158
第 221~222 天　打造优美的居室环境 / 159
第 223~224 天　名画欣赏:《阿波罗和九个缪斯》/ 160

孕9月　头部朝下为出生做准备

第 33 周　不高兴时就皱眉 / 162
第 225 天　最强大脑动动动 / 162
第 226~227 天　唤醒童年梦想的《龙猫》/ 163
第 228~229 天　有趣故事会:《小狐狸的鲜花店》/ 164
第 230~231 天　漂亮图画引发联想 / 166

第 34 周　我要适应外面的世界 / 167
第 232~233 天　准爸爸讲笑话:帮忙 / 167
第 234~235 天　放松运动,顺利分娩 / 168
第 236~238 天　儿歌:《小公鸡》/ 169

第 35 周　头朝下为出生做准备 / 170
第 239~240 天　诗歌欣赏:《面朝大海,春暖花开》/ 170
第 241~242 天　戏曲欣赏:《天上掉下个林妹妹》/ 171
第 243~245 天　古诗欣赏:《渭川田家》/ 172

第 36 周　我还在继续长体重 / 173
第 246~247 天　堆积木 / 173
第 248~249 天　悦耳童谣唱起来 / 174
第 250~251 天　名画欣赏:《墨葡萄图》/ 175
第 252 天　有趣故事会:《小熊的苹果树》/ 176

 ## 可爱的宝贝终于来了

第 37 周　我不能随意活动了 / 178
第 253~254 天　爸爸妈妈玩跳棋 / 178
第 255~256 天　保健操让肌肉放松 / 179
第 257~259 天　体味不同风格的音乐 / 180

第 38 周　我皮肤滑溜溜的 / 181
第 260~261 天　诗歌欣赏:《你是人间四月天》/ 181
第 262~263 天　有趣故事会:《橘子月亮》/ 182
第 264~266 天　营养胎教: 吃点催产菜 / 184

第 39 周　我随时都准备出来了 / 185
第 267~268 天　进行光照胎教啦 / 185
第 269~270 天　有趣故事会:《香喷喷的花伞》/ 186
第 271~273 天　这样缓解产前焦虑 / 188

第 40 周　我会在这一周内出生 / 189
第 274~276 天　引人入胜的填字游戏 / 189
第 277~278 天　早早准备好待产包 / 190
第 279~280 天　宝宝如约而至 / 191

孕 1 月

胎教越早开始越好

第1周 期待爱的小天使

亲爱的爸爸妈妈，我很兴奋地期待着来到你们的身边，你们是不是也和我一样兴奋，是不是比我还要紧张呢？哈哈，我十分地开心，你们的紧张与在乎，说明我是完美的爱的结晶，满满的都是爱，好幸福呢！

第 1 天
开启一段趣味旅程

妈妈和宝宝变化

子宫内膜在生理周期的最初两周增厚，为怀孕做准备。这是你月经的第一天，如果你尝试在这个生理周期怀孕，请在日历上将这重要的一天标记出来。

从今天开始，你即将成为一个母亲，而这个身份将伴随你接下来的整个人生。所以，你要做好成为妈妈的准备，无论是从心理上还是从身体上，都要完全接受并认同这个身份，认同了这个身份就意味着认同了即将在你体内安家的小生命。

达·芬奇曾经写道："怀孕时，同一个灵魂支配着两个肉体，母亲盼望的事情，在她有这个愿望的时候，就不断地影响着子宫内的孩子，母亲所持有的意志、希望、恐怖以及精神上的痛苦，对胎儿的影响要远远大于母亲自己。"所以，要认真地对待自己的新身份，以最完美的姿态迎接小天使的到来。

第 2~3 天
胎宝宝就是个鬼马小精灵

妈妈和宝宝变化

卵子已经发育，一旦任何一个卵泡发育成熟，卵子就将被排出。追踪生理周期，了解它是怎样一个过程，能帮助你提高受孕的概率。

有时，你也许会疑惑那么小的胎宝宝真的可以听到你说话，感受你的感受吗？答案是肯定的，胎宝宝是一个精灵，他可是有思想的。

会笑	胎宝宝在出生前的几周里就已经会笑了，这是胎宝宝为了适应外面的世界所做的准备。出生后的小婴儿不笑，那是因为环境太陌生了，他害怕
会哭	胎宝宝既然会笑，也是会哭的，有时是低声抽泣，有时是表情夸张的大哭，怎么样？很会耍宝吧
会听	4 个月开始，宝宝就可以听到声音了；到 6 个月大时，就能分辨出不同的声音，此时，他能够听出妈妈的声音；到了 8 个月，就能区分声音的高低强弱了
会看	从宝宝能听到声音开始，就能够对光线作出反应了。7 个月后，就能够分辨光线的强弱，9 个月大就可以看清东西了。此时，你若是用手电筒有节奏地照射腹壁，胎宝宝不仅可以睁开眼睛，还会将脸转向有光亮的地方
会动	胎宝宝是喜欢做运动的好宝宝，从第 9 周开始，他就迫不及待地运动起来了，一会儿抬胳膊，一会儿伸伸腿
有情绪	胎宝宝在第 1 个月时就会对周围的刺激有反应；在第 2 个月时，受到刺激会通过蹬腿、摇头等动作，来表达自己是喜欢还是讨厌；到了第 6 个月时，会因妈妈的情绪不佳等因素而发脾气

第 4~5 天
有趣故事会:《熊丫头的红裙子》

妈妈和宝宝变化

此时,卵巢里的卵子在发育着。良好的饮食是保证受孕和妊娠的重要部分,所以,备孕爸妈更要养成良好的饮食习惯。

熊妈妈最小的女儿就是熊丫头了。熊丫头从小就爱漂亮,到现在这习惯还没变。

今天是熊丫头的生日,妈妈给她做了一条漂亮的白裙子。熊丫头美滋滋地穿着白裙子在外面走了一圈,大家见了都纷纷夸赞她。

熊丫头想,小鹿姐姐有条裙子是玫瑰红色的,可漂亮了,走在绿色的丛林中,就像一朵盛开的鲜花。我这条白裙子跟那裙子比起来可就太普通了,一点儿都不好看。

熊丫头越想越不高兴,于是自个儿走到后面的山坡上,那里有一大片盛开的玫瑰花。熊丫头摘下大把大把的玫瑰花瓣,放进篮子中,盛了满满一篮子。熊丫头拎着玫瑰花瓣回家,将那条雪白的裙子和玫瑰花瓣一起扔进洗衣机里。

一会儿工夫,熊丫头从洗衣机里拿出洗好的衣服。哎呀,白色的裙子真的被染成玫瑰红色的了。熊丫头可高兴了,把裙子放到阳台上晾干。

等裙子干了之后,熊丫头就迫不及待地换上了这条漂亮的玫瑰红裙子,心里别提多美了。这条裙子不光是玫瑰红色的,还散发出阵阵玫瑰花的香味呢!熊丫头想穿着这裙子在外面转一转,好让大家都夸奖一番。

可是刚出门,熊丫头就被一群蜜蜂盯上了。现在正是蜜蜂采蜜的时节,可是他们发现后面山坡上的玫瑰花全都没了。他们沿着香味一路追踪过来,看见了这朵又大又红、还会走路的"玫瑰花"。

蜜蜂们可高兴了,嗡嗡叫着,对熊丫头紧追不舍。熊丫头吓坏了,提着红裙子的裙摆,飞快地往前跑。蜜蜂太可怕了,万一叮在她头上,不知道有多痒。熊丫头拼命地逃啊,终于逃进了家里。她关上门,在门背后呼哧呼哧地喘着粗气。

打这以后,熊丫头再也不敢穿这条玫瑰红色的裙子了。她对着裙子说道:"我实在对不起你们,玫瑰花瓣。"

潮妈奶爸心语

熊丫头的白裙子本来挺漂亮的,可是她就想要玫瑰红的裙子,糟蹋了一大片玫瑰花,还引来蜜蜂的围攻。不过到最后,熊丫头终于意识到自己的错误,并且诚实地向玫瑰花们道歉了。这才是孩子的好榜样。

第 6~7 天
"孕"的有趣变化

妈妈和宝宝变化

每个月有 15~20 个卵泡成熟，但是通常只有一个完全成熟，并被排出。

整个孕期，孕妈妈都会对肚子里的小生命满怀期待。生命是个很奇妙的过程，而"孕"这个字，从古至今的演变也透露了它内在的含义。生命的奇妙和繁衍的秘密，通过小小汉字的演变传递了下来，带给人们的不仅是文字的意义，更有生命的神秘和惊喜。

甲骨文　　　金文　　　小篆　　　楷体

甲骨文	甲骨文的"孕"，像一个大腹便便的侧面人形，在腹部的位置画了一条弧线，说明这个"人"有一个大肚子；另一种甲骨文则更形象些，腹中有"子"，表示怀有身孕的意思
金文	金文的"孕"字，在甲骨文的结构基础上增加了一短横，表示女人有孕在身
小篆楷体	小篆的"孕"，字形讹变，不但腹中之"子"跑了出来，而且"人"形也已变样，很像一个女人弓起身子保护一个伸开双臂的小婴儿，最后演变为楷书从乃从子的"孕"字

第2周 期待最完美的邂逅

备孕爸爸戒烟戒酒、补番茄红素、补维生素E，备孕妈妈补叶酸、补碘、补充卵磷脂。将精子养壮、卵子养肥，避开受孕雷区，在舒心的环境下等待着精子和卵子最完美的"邂逅"。

第8~10天
受孕是个神奇的过程

妈妈和宝宝变化

在这周晚些时候，你可能会进行排卵，可以多了解一些显示身体处于最易受孕状态的征兆，以便能够帮助你成功受孕。

受孕是一个非常有趣的过程。卵细胞自卵巢排出后，进入输卵管。此时，夫妻同房，一次射出的精液为2~6毫升，里面含有精子6000万至2亿多个。精子会在输卵管外侧1/3处与卵子相遇。一般情况下，只有一个强壮的精子能捷足先登，精子的头颈部不停地向卵子的中心移动，渐渐和卵子的细胞核接近。最后，精子和卵子的细胞核融为一体，这时的卵子就成为受精卵。

受精卵依靠输卵管的蠕动和输卵管内部的细纤毛摆动，在四五天后到达子宫腔内着床。受精卵在运行过程中和着床后，细胞不断分裂、变化，即1个变2个，2个变4个，4个变8个……最后就形成了胚胎。与此同时，子宫内膜也做好了一切准备，用疏松的温床和丰富的养料，准备迎接未来的小客人。这就是受孕的经过。

第 11~12 天
有趣故事会:《小牧童的回答》

你的身体的激素水平会在生理周期的这个阶段升高,所以你可能会有比较强的性欲,就好像是大自然安排好了一切。

　　从前,有一个聪明的小牧童,不管别人问什么,他总能很巧妙地回答。人们都觉得他了不起,他的名气就越来越大,一直传到国王的耳朵里。国王不相信一个放牛的小孩子能有这么厉害,于是把小牧童叫到宫里来。

　　国王说:"放牧的小孩,要是我提出三个问题,你都能回答,我就认你为干儿子,你就同我一起住在王宫。"牧童问:"那您要提什么样的问题呢?"

　　国王说:"第一个问题开始了,大海里有多少滴水?"

　　小牧童回答:"尊敬的陛下,您请下令堵上所有河流的水,不让它们流进大海,直到我数完大海里的水,那我就能告诉您大海里有多少滴水了。"

　　国王又问:"这是第二个问题,天上有多少颗星星?"

　　牧童说:"请给我一张纸。"他拿笔在纸上戳了无数的小细点,细到都看不出来了,自然也就没法儿数清。牧童说:"天上的星星同这纸上的点儿是一样多的。你们仔细数数吧!"可是国王的随从们怎么都数不清上面有多少个点儿。

　　最后,国王只好提出了第三个问题,问:"永恒有多少秒?"

　　牧童回答说:"在波美拉尼亚有座钻石山,这座山高两英里(1英里≈1609.344米),宽两英里,深两英里。每隔一百年有一只鸟儿飞来,啄这座钻石山。等到这整座钻石山都被啄完时,永恒的第一秒就完了。"

　　国王听到这里不禁大为欢喜,连声称赞道:"你真是个聪明的孩子。你回答我的三个问题都回答得这么聪明睿智。从今往后,你就跟我一起住在王宫吧,我会把你当亲儿子一样对待的。"

潮妈奶爸心语

这几个问题可真难啊,不过爸妈觉得这些问题还能有别的答案吗?宝宝,你想到这些问题的答案了吗?

第 13~14 天
聪明的古人怎样做胎教

妈妈和宝宝变化

这是受孕的最佳时间。通常排卵发生在生理周期的第14天，也有可能提前或者推后，但是这个时候不要过多去想自己什么时候排卵，而应该让自己尽量放松。

胎教可不是现代才有的，我国古代就特别注重孕妇的道德性情修养，要求遵循一定的生活准则，避免各种不良刺激。

我国周朝就有关于胎教的记载，如《列女传》中记载，"太任者，文王之母也，及其有娠，目不视恶色，耳不听淫声，口不出傲言。"这段话是说周文王的母亲太任在怀孕的时候，不看不好的东西，不听难听的声音，不说狂傲的话语。这是我国记载最早的关于胎教的内容。后来周文王治国贤明，所创的丰功伟绩多少跟母亲的胎教有关系吧！

孟子的母亲怀孕期间也曾说："吾怀纴是子，席不正不坐，割不正不食，胎教之也。"这些都说明我国古代对于胎教的重视。

我国古代的胎教思想

- **调情志**·孕期宜心情愉悦，静心宁欲，心胸开阔，遇事乐观。
- **慎寒温**·孕期应避免风寒侵袭、忽冷忽热。
- **节饮食**·孕期宜食用营养丰富且易于消化的食品，切忌辛辣生冷食品。
- **慎起居、调劳逸**·孕期宜起居有序、劳逸适度。
- **远房事**·孕期节制性生活，以免伤胎。
- **美环境、悦子身**·要多处于美好的环境当中，多接触美好的艺术作品。
- **戒酒浆**·古人指出酒能伤胎，宜戒为佳。
- **避毒药**·孕期应减少不必要的服药。
- **慎针剂**·慎针灸穴位，避免引起流产与早产。
- **安待产**·临产时应安详、镇静，莫恐慌，以降低难产发生的概率。

第3周 生命的种子悄悄萌芽

从精子先生进入卵子小姐内部的那一刻起,生命的种子悄然萌芽。而且,宝宝是男孩儿还是女孩儿已经确定了。如果精子先生携带的性染色体是 X 染色体,就是女孩儿;性染色体如果是 Y 染色体,就是男孩儿。

第 15~16 天 开始踏上"幸孕"的旅程

妈妈和宝宝变化

孕妈妈刚刚排出的卵子只能够存活 24 小时,在这段时间内,会有一个精子冲破重重阻碍,到达卵子所在的地方,和卵子相遇、受精。

"我是从哪儿来的,你,在哪儿把我捡起来的?"孩子问他的妈妈。

她把孩子紧紧地搂在胸前,半哭半笑地答道:

"你曾被我当作心愿藏在我的心里,我的宝贝。

"你曾存在于我孩童时代的泥娃娃身上,每天早晨我用泥土塑造我的神像,那时我反复地塑了又捏碎了的就是你。

"你曾和我们的家庭守护神一同受到祀奉,我崇拜家神时也就崇拜了你。

"你曾活在我所有的希望和爱情里,活在我的生命里,我母亲的生命里。

"在主宰着我们家庭的不死的精灵的膝上,你已经被抚育了好多代了。

"当我做女孩子的时候,我的心的花瓣儿张开,你就像一股花香似的散发出来。"

——泰戈尔

第 17~19 天
在家 DIY 一杯鲜豆浆

妈妈和宝宝变化

当卵子成功受精之后，孕妈妈的体内就会自然发生激素的变化，这个时候正常的生理周期会停止。伴随受精卵开始着床，至关重要的细胞分裂开始。

亲手打豆浆的好处

豆类中蛋白质含量高，尤以大豆中的蛋白质更佳，其在人体的吸收率很高，属于优质植物蛋白，打制豆浆饮用，对于胎宝宝的大脑发育、提高孕妈妈的免疫力都有很好的效果。

自制豆浆健康、安全，还能搭配多种食材，变换口感，补充营养。比如豆类可以和豆类搭配，还可以和蔬菜、水果、谷类、坚果、干果等搭配，各有不同味道。

三步打豆浆

1. 将黄豆洗净，然后浸泡6~8小时。
2. 将黄豆放入豆浆机中，加入适量清水，启动豆浆机。
3. 豆浆机提示打好后，用滤网过滤即可。

第 20~21 天
未来的宝宝会像谁

妈妈和宝宝变化

这个时候女性的子宫正在发生重大的变化,在未来的72小时内,受精卵将会着床。

宝宝未来的身高——父母影响各占一半

在必要的营养条件下,孩子的身高有70%的主动权掌握在父母的手里,因为决定身高的因素35%来自父亲,35%来自母亲。当然,宝宝的身高还有30%决定于后天的营养和锻炼。如果父母的个子都不高,那就要特别重视这后天的30%。

宝宝的智力——妈妈的影响更大

科学家指出,与智力有关的基因主要集中在X染色体上,女性有2个X染色体,而男性只有1个X染色体,所以说妈妈的智力在遗传中起到更为重要的作用。

宝宝的性格——爸爸的影响更大

孩子的性格更多地遗传自父亲。但遗传对于性格的影响是比较有限的,主要还是后天影响,自身的经历和周围的环境起着更为重要的作用。

宝宝的相貌——具体情况具体分析

眼睛大小·父母有一人是大眼睛,生大眼睛孩子的可能就会大一些。
单(双)眼皮·单眼皮与双眼皮的人,生宝宝极有可能是双眼皮。但父母都是单眼皮,一般孩子也是单眼皮。
睫毛·父母只要一人有长睫毛,孩子一般也会是长睫毛。
鼻子·父母中一人是挺直的鼻梁,遗传给孩子的可能性就很大。
肤色·基本是父亲母亲肤色中和的结果。
胖瘦·父母的胖瘦会有40%~50%的概率遗传给下一代。

一颗小种子安全着床

在第4周,受精卵会分泌能分解蛋白质的酶,破坏子宫内膜,在内膜表面造成一个缺口,并逐渐往里层侵蚀。当受精卵进入子宫内膜后,子宫内膜上的缺口迅速修复,把受精卵包围,到了这时,受精卵便着床了。

第 22~23 天
别迷糊得不知道自己怀孕了

妈妈和宝宝变化

现在你的身体正在产生孕期激素,这个时候很多的孕妈妈已经迫不及待想知道结果了,不过现在还很难准确地测到,所以还是需要静下心来等等再做测试。

一般来说,在怀孕前期身体不会有明显的征兆,但是你的身体已经在悄悄地发生变化了。如果你一直测量基础体温的话,会发现此时基础体温持续升高。也有部分人在受精卵着床时可见白带中有血丝或点状出血。

1. 基础体温上升持续3周以上。
2. 月经迟迟不来。
3. 乳房更加柔软丰盈,乳头、乳晕颜色加深。
4. 容易疲劳。
5. 白带增多。
6. 出现呕吐等不适。
7. 口渴。

第 24~25 天
绘画欣赏：《蒙娜丽莎》

妈妈和宝宝变化

可以通过仪器看到着床在子宫内膜上的整个胚囊，现在你可能已经怀孕了，所以选择健康的生活方式，保持和增进身体健康是非常明智的。

今天我们一起来欣赏一幅伟大的作品——《蒙娜丽莎》，这是文艺复兴时期画家莱奥纳多·达·芬奇所绘的一幅肖像画。画中的女主人公是个真实的人物，是佛罗伦萨一个银行家的妻子。画中，她的微笑恬静、优雅、神秘，令人倾倒。有些人经过研究，说蒙娜丽莎之所以能有这样的微笑，是因为她已经怀孕，只有孕妇才能有这样的微笑。这是不是真的呢？同样是孕妈妈的你觉得呢？

欣赏这幅画时，要感受画的意境，然后闭上眼睛，让画在脑海里呈现，用心体味和模拟微笑中的情感，是不是觉得对腹中胎宝宝的爱意又更深了一层？

第 26~28 天
动脑游戏：脑筋急转弯

妈妈和宝宝变化

胚胎已经成功在子宫内着床，并且埋在子宫内膜下的小点现在变成了一个结团，这个结团的作用是阻止血液的流失，保护胚胎。这个时候你要分散注意力，避免总是在想自己是否怀孕。

脑筋急转弯有助于激活脑细胞，提高想象力，拓展知识面。孕妈妈和胎宝宝赶快一起来动动脑，猜猜看吧！

1. 把 24 个人按一行 5 人排列，排成 6 行，该怎样排？
2. 世界上什么东西以近 2000 千米 / 小时的速度载着人奔驰，而不必加油或加其他燃料？
3. 用 1、2、3 这 3 个数字组合表示的最大数字是多少？
4. 什么话可以世界通用？
5. 为什么自由女神像老站在纽约港？
6. 一天慢 24 小时的表是什么表？
7. 为什么阿郎穿着全新没破洞的雨衣，却依然弄得全身湿透？
8. 一头公牛加一头母牛，猜三个字。
9. 放一支铅笔在地上，要使任何人都无法跨过，怎么做？
10. 用什么擦地最干净？
11. 为什么现代人越来越言而无信？
12. 小赵买一张彩票，中了一等奖，去领奖却不给，为什么？
13. 在船上见得最多的是什么？
14. 用什么方法可以立刻找到遗失的图钉？

答案： 1. 排成六角形即可；2. 地球；3. "3"的"21"次方；4. 电话；5. 神走不稳呀；6. 停着不走的表；7. 因为阿郎在洗澡的时候在淋浴下穿着雨衣；8. 两头牛；9. 放在墙边；10. 用力；11. 因为打电话比写信方便；12. 没到领奖的日期呢；13. 水；14. 光脚走。

孕 **2** 月

怦怦怦！
听到心跳啦

我和妈妈心心相印

我现在还是一个长约 6 毫米的小胚胎,有苹果籽般大小,看起来像个"小海马"。在这周,我的神经系统和循环系统已开始分化,而且其他的主要器官也都开始出现并生长。在这周我就有心跳了,从此我就可以和妈妈心心相印,和妈妈一同感受生活的美好了。

第 29 天
享受"想象"带来的美好体验

妈妈和宝宝变化

如果现在你还没有来月经,可以在家做怀孕测试来确定自己是不是真的怀孕了。这个时候也许你还没有感觉到自己已经怀孕,但你的子宫却发生着巨大的变化。

最不受限制的方式就是孕妈妈的想象了,也许因为客观原因不能到北美洲旅游,但是这并不妨碍你"看"到北极之光、尼亚加拉瀑布,寻找传说中的独角鲸,邂逅大灰熊。想象是最奇妙的放松方式,哪怕是几分钟的独处,闭上眼睛肆意地想象,也会带给孕妈妈欢乐、宁静、释然的感受。千万不要小看想象的作用,这些"想象"会给你带来更多美好的体验,而你在孕期所遇到的一切困难也会变得容易克服了。

第 30~31 天
妈妈多读书，宝宝长智慧

妈妈和宝宝变化

从受精到现在已经有 3 个星期了，这个时候胚胎开始发育，大脑和中枢神经系统已经慢慢开始形成了。

怀孕了，忙碌的时间慢慢减少，孕妈妈可以自己安排的时间多了。用读书将这段时间充实起来吧，为自己，更为宝宝。

跟着妈妈做个爱读书的孩子

胎宝宝在孕妈妈肚子里就会养成和孕妈妈一样的习惯。如果怀孕的妈妈既不思考也不学习，胎宝宝也会深受感染，变得懒惰起来；相反，如果孕妈妈能够养成读书的习惯，那么将来的宝宝也会爱学习、爱思考。

读书增长胎宝宝的智慧

读书，可以激发孕妈妈丰富的联想，而孕妈妈的联想能够产生一种神经递质，这种神经递质通过血液循环进入胎盘而传递给胎宝宝，然后分布到胎宝宝的大脑及全身，给胎宝宝脑神经细胞的发育创造一个与母体相似的神经递质环境，使胎宝宝的神经向着优化的方向发展。

书的选择

书的选择没有特殊的规定，能让人产生美好情绪、美好联想的书籍都可以，要避免那些会对感官造成强烈刺激的书。

孕妈妈应该多读优美的散文、诗歌、童话故事，如冰心、朱自清、秦牧、徐志摩、泰戈尔等的诗文，以及《安徒生童话》《格林童话》等。我国的古代诗词意境优美、情感美好，也是很好的选择。

读书的注意事项

孕妈妈读书时，要全身心进入书中的美好境界，只有这样，才能与宝宝产生共鸣。孕妈妈的眼睛极易疲劳，要注意保护眼睛，适当休息。

第 32~33 天
有趣故事会:《木马退休》

在这个时间段当中,作为还没有出生的宝宝的生命线——胎盘正在形成,胎儿脊椎的基础也正在逐渐形成当中。

妮妮下午跟小朋友们在游乐园里玩得太开心了,把自己的帽子都落下了,到晚上才想起来,于是赶紧跑回去找。

这时候,外面下着小雨,风冷飕飕的。天色都暗了下来,见不到一个人影。木头长颈鹿就站在儿童游乐园门口,看到妮妮便说:"你来了可太好啦!木马就要退休啦,你是它的好朋友,跟我们一起欢送它吧!"

听说木马要退休了,妮妮可伤心啦,泪水啪嗒啪嗒地就落了下来。妮妮上前搂住木马的脖子说:"木马啊,你别走了吧,留下来跟我们一起玩多好啊!"

可是木马说:"唉,不行啦,我太老了,身体受不住,天气糟糕的时候,全身的骨节都在疼,说不定哪一天就会散架了,要是让小朋友受伤了可怎么办,为了小朋友们的安全,我得退休了。"

妮妮问他:"那你要上哪里去呢?"

木马安慰她说:"妮妮,别担心,我会回到玩具王国去。不过我的孩子转马还有我的侄子奔马都来了,有它们陪你们我就放心了。"

妮妮转头一看,果然新来了转马和奔马,都站在木马旁边。转马有六兄弟,都是木头做的,有红、蓝、黄、绿、白、黑 6 种颜色。大家关系挺好,靠在一起形成一个圈。

奔马是塑料做的,颜色鲜艳,长得很漂亮。

木马告诉妮妮:"要是通上电,奔马就能跑得很快,所以它又叫电动奔马。"

奔马和转马都激动地对妮妮说:"妮妮,赶紧坐上来试试吧!"

木马又转过身对它们说:"孩子们,你们以后得注意安全啊!别跑太快了,小心别把小朋友摔下来。你们要是身体不舒服,赶紧找医生来治,别折腾成大毛病,

潮妈奶爸心语

宝宝，游乐园里有那么多好玩的玩具，你想象一下，它们开欢送会会是什么样子的呢？

把小朋友们弄伤了。"转马和奔马都严肃地点头答应。

　　游乐园里的玩具们都表演了精彩的节目欢送木马，电动鸭子扭啊扭的，木头长颈鹿讲了动听的故事……妮妮也唱了好几首儿歌。

　　天色已经完全黑了，围墙和大树都变成黑乎乎的一团了。木马说："到时候了，我该走了。朋友们，再见了！"于是木马摇摇晃晃地从游乐园的大门走出去，一点点消失在夜色中。

　　第二天，妮妮一早就去了游乐园。不过有好多小朋友比她更早，他们都围着转马和奔马，七嘴八舌地说："看，这是新来的，可真漂亮啊！"

　　不一会儿，有个小朋友突然叫起来："哎呀，木马呢？怎么不见了木马。"

　　大家都很吃惊，最喜欢的木马上哪里去了？只有妮妮知道这个答案。

第 34~35 天
好玩的树叶贴画

妈妈和宝宝变化

这个时候的胚胎非常小，只有 3 毫米左右的长度。

夏天过去，秋天来临，树叶会一片片飘落下来。这些不同种类、不同形状、不同颜色的叶子可以用来做什么呢？孕妈妈们可以捡点美丽的落叶，最大限度地发挥想象，将这些叶子制作成一幅幅创意树叶贴画。

小鸟

小老鼠

小毛驴

看这三幅栩栩如生的树叶贴画，你也可以做小熊猫、猴子等。

第6周 长出胳膊和腿了

我在妈妈的肚子里飞速地成长着,现在已经有了大脑,头部也开始形成,尽管现在我还不能够听、不能够看,但是我可以感受到妈妈愉快的心情,妈妈放松的心情也会让我的情绪很平静。

第36~37天 动手来玩七巧板

妈妈和宝宝变化

胚胎现在已经有14对椎节,这是形成胎儿肌肉骨骼体系的基础,如果你现在仍然没有什么感觉,你可能会开始努力寻找自己的怀孕征兆了。

孕妈妈来玩七巧板吧,七巧板有种让人欲罢不能的魔力哟!

七巧板是由七块形状不同的板组成的,而这七块板可以拼成很多图形(1600种以上)!拼出的图形除了比较规矩的三角形、平行四边形之外,还有各种人物、动物、桥、房子、塔等。

七巧板又被称为"智慧板",孕妈妈在玩七巧板的过程中,能充分发挥大脑的思维能力和想象力,拼出各种图案,从而让胎宝宝正在发育中的大脑得到锻炼。

第 38~39 天
情绪胎教：惠养胎宝宝的心灵操

妈妈和宝宝变化

这个时候的胚胎几乎是完全透明的，从你身体的外部还看不到任何怀孕的征兆，但是身体内部已经有了很多变化。

在整个孕程中，孕妈妈可以早晚各练习一次冥想，对情绪和身体都有好处。

第一步，仰卧在床上，微微闭上双眼，暗示自己全身放松。

第二步，对自己轻轻地说："我内心非常宁静舒适，我的心已经到了一片广阔的天地，沐浴着温暖的阳光和清新的空气，我感到非常舒适惬意，景色很美，我的眼睛被各种色彩所充满，我很快乐，感到心旷神怡，感觉到内心的喜悦，真是太好了。"

在做心理暗示时，眼睛要轻轻闭上，发挥想象力，想着自己所说的一切。

第三步，继续暗示自己："我听到了远处有孩子在'咯咯'地欢笑，我也情不自禁地笑起来了，我的内心也微微地笑了，今天是美好的一天。"

暗示时全身心放松，仔细体会，领悟自己内心的一切细微感受。

第四步，慢慢睁开眼睛，起身下床，保持自己发自内心的微笑，去做该做的事情。

第 40~42 天
营养胎教：柠檬姜汁解孕吐

妈妈和宝宝变化

孕吐是怀孕过程中最常见也最不受欢迎的症状，不过很遗憾，目前还没有能够完全治疗孕吐的方法，可以通过少食多餐、吃清淡食物的方法来缓解。

孕妈妈到了这个时候，恶心、厌食、挑食、呕吐、乏力等早孕反应会越来越明显。有不少孕妈妈会没有胃口，吐得浑身乏力，日渐消瘦。这时候就需要准爸爸来献爱心了。

柠檬姜汁

原料
生姜20克，柠檬50克，黄瓜200克。

调料
蜂蜜适量。

做法
① 柠檬去皮，切小块；黄瓜洗净，切小条；将切好的柠檬和黄瓜一起放入榨汁机中榨汁备用。
② 将姜片、柠檬黄瓜汁和一勺蜂蜜混合在一起，用温水冲调后即可服用。

第7周 脑垂体开始发育

在这周我的脑垂体开始发育了,我也变得越来越聪明了。现在我也就有豌豆那么大,但是我长了一个特别大的头,我现在会让妈妈感觉很不舒服,所以这段时间妈妈一定要注意调整好情绪,补充营养哦!

第43天
适合孕妈妈的运动

妈妈和宝宝变化

胎宝宝的脊柱开始发育并呈现明显的弯曲,此时的胎宝宝正在完善骨骼肌肉系统,你可能会花很多时间在镜子面前,试图发现突起的小腹,不过这可能需要几周的时间才能够明显看到。

孕妈妈的运动以轻柔和缓为主,比如散步、瑜伽的某些动作、太极、柔软体操等。在选择运动时,要注意运动强度,以不出汗或轻微出汗为宜。要特别注意的是,运动姿势绝对不能造成腹部的牵拉。

孕妈妈在运动中的一个大忌是疲劳,孕妇千万不能过度疲劳,也不要运动到身体过热,也就是说孕妇不宜做过多出汗的运动。对于孕妇来说,以不累、轻松、舒适为运动限度。

在运动期间一定要多喝水,但不要只喝白开水,最好补充一些果汁等。可乐以及运动饮料都不适合孕妈妈。

第 44~45 天
动脑游戏：快来玩数独

妈妈和宝宝变化

宝宝的眼睛可以辨认出来了，不过也只是依稀可见，现在你要试着改变生活方式了。

孕妈妈爱动脑筋，胎宝宝也会变得思维活跃。很多游戏都可以锻炼头脑，比如猜谜游戏、填字游戏、魔方、数独游戏、做手工等，很好玩，不动脑子又玩不好。孕妈妈要尝试一下呀！

数独游戏

你可能不知道，数独的前身是中国的"九宫图"，"九宫图"在《洛书》和《易经》当中都有记载。现代的数独起源于瑞士，并经过美国人和日本人的改进。数独风靡全世界，现在有很多专门的数独俱乐部、数独论坛，参加人数众多。很多研究者都认为数独是开发智力最好的方式之一，因此，孕妈妈快来试试吧！

数独怎么玩

1. 数独游戏在 9×9 的方格内进行，这 81 个小方格被分为 9 个 3×3 的方格，被称为"区"。

2. 在这些区中，有一些已经被填上了数字，这些已经填好的数字可以被称为数独的"谜面"，需要填的是余下的空格。

3. 每个空格只填 1 个数字。到最后要保证这 9×9 的方格中的每个区、每一列、每一行都是 1～9 这 9 个数字，不能重复，即保证每个数字在每一行、每一列和每个区中仅出现一次。

第 46~47 天
有趣故事会:《小烟囱的故事》

妈妈和宝宝变化

在接下来的日子里胎宝宝的手臂和腿开始发育,随着胎宝宝身体的不断发育,可以很快通过超声波扫描到微小的胎动。

在茫茫无际的原野上,立着一栋小小的房子,房顶上有一根高高立起的小烟囱。每当小房子里生火的时候,烟囱便冒出一缕缕青烟。

冬天到了,鹅毛大雪将整个原野盖住了。狂妄的北风也赶来了,在原野上狠命嘶吼、呼啸。它把枯枝折断,又抱起雪花,到处挥舞。它在小房子周围奔跑呼啸,狠命拍打门窗,高声吼叫:"我是凶狠的北风,谁都害怕我!"

但是,房顶上的小烟囱却不在乎它,依旧傲然挺立,一缕缕青烟从烟囱里冒出来。

北风气坏了,对小烟囱说:"你有什么好神气的。屋子里的老头儿和小狗正舒舒服服地躺在壁炉前烤火取暖呢!你自个儿在外面挨饿受冻。我看你干脆还是老老实实地向我投降好了。"

小烟囱没理它,依旧冒出一缕缕青烟。

北风气坏了,拼命摇晃它,对它连推带搡的,还用雪团砸它,可是小烟囱依旧傲然挺立。最后,北风也没辙了,瘫坐在小烟囱身边说:"我很佩服你,不过我想知道,你为什么能够这么顽强地站在这里?"

小烟囱笑一笑说:"就因为我顽强地站在这里,屋子里的老爷爷和小狗才能舒服地躺在壁炉前烤火。"

潮妈奶爸心语

小烟囱多了不起,为了能够让老爷爷和小狗舒服地取暖,顽强地和北风做斗争,我们要向小烟囱学习啊!

第48~49天
音乐胎教：唱儿歌给宝宝听

妈妈和宝宝变化

胎宝宝的眼睛开始有了浅浅的凹陷，分别位于不断发育的脸庞两侧，这个时候，妈妈可能会感觉到自己经常想去厕所。

孕妈妈唱儿歌时，声音要轻柔，语调要天真，节奏要欢快。一开始胎宝宝可能没有什么反应，但是等他慢慢习惯了妈妈的声音之后，就会很开心，还会用蠕动来回应妈妈呢！

乖宝宝

乖宝宝，好宝宝，
妈妈最爱是宝宝；
乖宝宝，好宝宝，
爸爸最爱是宝宝；
乖宝宝，好宝宝，
宝宝最爱是妈妈；
乖宝宝，好宝宝，
宝宝最爱是爸爸。

大树妈妈

大树妈妈个儿高，
托着摇篮唱歌谣，
摇啊摇，摇啊摇，
摇篮里的小鸟睡着了。
大树妈妈个儿高，
对着小鸟呵呵笑，
风来了，雨来了，
绿色的雨伞撑开了。

小鸭子

小鸭子，呱呱呱，
不爱吃米爱吃虾；
河里游，就数它，
一到岸上就找妈。

月亮和星星

月亮月亮是妈妈，
星星星星是娃娃。
月亮嘴巴笑一笑，
星星眼睛眨一眨。
月亮好，好妈妈，
星星好，好娃娃。

第8周 能在羊水中活动了

我现在可以在羊水中活动了,而且我的心跳开始变得正常。尽管现在我还只能被称为胚胎,但是我已经有了舌头和鼻孔哦!

第50~51天 树式瑜伽做起来

妈妈和宝宝变化

胚胎的卵黄囊在萎缩,功能渐渐被胎盘所取代,随着胎宝宝外形的改变,你可能开始担心自己的体重是否超标。

树式变形式

1. 站立,弯曲右膝,脚掌抵住左膝关节内侧。
2. 吸气,左臂向左上方伸展,指尖指向天花板,右手轻放在右腿上。
3. 保持呼吸3次,目视前方,脊背挺直。
4. 换另一侧重复此动作。

第 52~53 天
动脑游戏：玩魔方

妈妈和宝宝变化

胎宝宝现在看起来还不具备人类的外形，上唇还没有发育完全，嘴显得很宽，两眼间距很宽，大脑结构还很简单，却在发生明显的变化。

今天我们再来讲讲可以作为孕妈妈胎教工具的魔方。这种神奇的六面体能够考验你的逻辑思维能力，挑战你的空间思维能力。对孕妈妈来说，最重要的是它可以活动手指，孕妈妈勤动手是对胎宝宝大脑最好的刺激。

魔方的发明

魔方是匈牙利的一位叫鲁比克的教授于1974年发明的，他当时在布达佩斯建筑学院担任建筑学和雕塑学教授。他发明魔方并不是为了娱乐或者赚钱，而是为了帮助他的学生认识空间立方体的组成、结构，以及锻炼学生的空间思维能力和记忆力。

魔方的玩法

复原一面魔方比较容易，而使打乱的六个面颜色完全复原，则需要很多技巧。一般说来，中心积木只有一种颜色，棱上的积木有三种颜色，骨架上的中心积木是不能动的，所以中心积木的相对位置是确定不变的，角上棱上积木的正确位置也是不变的。如红黄蓝色的角积木，正确位置就在红黄蓝中心积木对应面的角上，我们就要将棱积木、角积木转到相应的位置上。玩魔方时，要先完成一面，再以此为基础调整其他面。

现在的魔方玩家还创造了很多新的玩法，比如单手拧、盲拧等，如果孕妈妈愿意，可以尝试多种玩法。

第 53~54 天
古诗欣赏：《采莲曲》《小池》

妈妈和宝宝变化

现在胎宝宝的面部开始发育，在接下来的几周时间会更加清晰。胎宝宝耳朵的雏形刚刚可以看见，颈部开始伸展，逐渐从胸腔分离。

今天我们来欣赏两位唐代诗人的作品，这两首诗都描写了荷，一个是莲花盛开的采莲美景，一个是初夏的荷叶、泉水、蜻蜓，都美不胜收。

小池 杨万里

泉眼无声惜细流，
树阴照水爱晴柔。
小荷才露尖尖角，
早有蜻蜓立上头。

泉眼很爱惜地让泉水悄然流出，映在水上的树荫喜欢这晴天风光的柔和。鲜嫩的荷叶那尖尖的角刚露出水面，就已经有蜻蜓落在它的上头。这首诗展现了初夏的荷叶、泉水、蜻蜓等美丽景色，让人向往。

这首诗描写了江南采莲少女欢快美丽的劳动场景。采莲少女的绿罗裙与田田荷叶融为一体，少女的脸庞掩映在盛开的荷花间，两者相互映照。虽在莲池中，却看不见她们的踪影，听到歌声，才感觉到她们的存在。

采莲曲 王昌龄

荷叶罗裙一色裁，
芙蓉向脸两边开。
乱入池中看不见，
闻歌始觉有人来。

第 55~56 天
有趣故事会:《爱笑的小花》

妈妈和宝宝变化

卵黄囊的体积开始慢慢减小,而胎盘在逐渐成熟。此时,胎宝宝的头部相比其他部分还是明显更大。你可能在猜想宝宝的性别,但是现在胎宝宝的性别特征还不明显。

天天家楼下有一个小花坛,花坛里有各种各样的花儿,五彩缤纷,鲜艳夺目。天天每天上学时都会和小花们打招呼,每天放学时也会亲切地冲它们笑。

一天,外公带天天去公园玩。

公园里有朵花,真好看,比楼下小花坛的好看很多倍,看见小天天,笑眯眯的。

天天问花儿:"你叫什么名字?"

花儿只是笑,不说话。

天天伸出小手,要采这朵花。

外公摆摆手说:"天天别采!你不采它,花儿总是对你笑,你一采下来,花儿就哭了。"

天天不想看到花儿对他哭,天天没有采。

这时,小花笑得更可爱了。它成了天天的好朋友。

天天回家以后,告诉外婆:"公园里有朵花,很乖很乖,对我一直笑,一直笑。"

外婆说:"天天也很乖,你也是一朵爱笑的小花。"

潮妈奶爸心语

天天爱护小花,让小花能够一直笑,宝宝也要做一个爱护小花的好孩子,让漂亮的小花一直笑,好不好?

孕3月

一副小人儿的模样

第9周 在水中自由舞动

现在的我已经初具人形了，而且我的活动也更加自如，我就像一条小金鱼一样游来游去，只是现在的我还很小，妈妈还不能够感觉到我的活动。但是我还是喜欢听妈妈给我讲故事、唱歌，这让我很舒服。

第57天
营养胎教：低盐的肉末蒸蛋

妈妈和宝宝变化

这个时期胎盘的大小已经超过了胎儿，很多孕妈妈在这个时期对于食物的喜好发生了改变。

肉末蒸蛋

原料
鸡蛋3个，猪肉50克。

调料
植物油、葱末、淀粉、盐各适量。

做法
1. 将鸡蛋打入碗内搅散，放入盐和适量清水，搅匀，上笼蒸熟。
2. 选用三成肥、七成瘦的猪肉，洗净，剁成末。
3. 锅内放入油烧热，放入肉末，炒至松散出油时，加入葱末、少许盐及适量水、淀粉，翻炒均匀后浇在蒸好的鸡蛋上面即可。

第58~59天
动脑游戏：门萨测试

妈妈和宝宝变化

胎宝宝的手和脚在慢慢发育，独特的面部特征也开始成形了。因为激素反应造成的恶心、呕吐可能还会持续几周时间，但是不用担心，这些终将会过去的。

门萨是世界顶级智商俱乐部的名称，于1946年成立于英国。门萨现有会员十余万，是世界上最好的智商俱乐部。进入门萨只有一个条件，就是高智商。门萨的测试题由门萨的专家和会员共同制定，是世界上非常权威的测试题。门萨的入门试卷共有30道题目，答对23道，证明智商达到148，可以进入俱乐部。全世界参加测试的人大约只有2%能够通过。

1. 有两位盲人，他们各自买了两双黑袜和两双白袜，八双袜子的布质、大小完全相同，而每双袜子都由一张商标纸连着。两位盲人不小心将八双袜子混在一起。请问他们每人怎样才能取回黑袜和白袜各两双呢？

2. 两个圆环，半径分别是1和2，小圆在大圆内部绕大圆圆周一周，问小圆自身转了几周？如果在大圆的外部，小圆自身转几周呢？

3. 一瓶汽水1元钱，喝完后两个空瓶换一瓶汽水，问：你有20元钱，最多可以喝到几瓶汽水？

答案：1. 每双袜子都相连着，每人各拿一只，拼成双左右，都可以做到黑袜和白袜各两双。
2. 小圆在大圆内部绕圆周转，不论内外，小圆都自转两周。
3. 39瓶，从第2瓶开始时，相当于1元买2瓶。

第60~61天
有趣故事会:《小兔过桥》

妈妈和宝宝变化

这个时期可以清楚看到胎宝宝的手了,但是手指仍然融合在一起。胎宝宝的消化系统迅速发育,不过在一段时间内还不会有正常的生理功能。

小兔家与舅舅家之间有一座小竹桥,以前去舅舅家时都是妈妈背着小兔过桥。可是现在,小兔长大了。一天,小兔跟妈妈说:"妈妈,我要去舅舅家,这次我自己去。"妈妈很高兴小兔能独立做事。于是,妈妈给小兔带了些胡萝卜,就送小兔出门了。"妈妈,再见!"

小兔蹦蹦又跳跳,不知不觉就来到了小桥边。小兔走上小桥后就站着不动了,因为小竹桥左晃晃右晃晃,底下河水还在哗啦啦地淌。怎么办?小兔好害怕。

这时,桥边来了小蚂蚱,跳了几下就从桥上过去了。停在桥那边,对着小兔喊:"小兔子,胆子小,站在桥上走不了。"小兔一听更急了。可是,河水也开始哈哈笑:"小兔子,胆子小,站在桥上走不了。"小兔本来就害怕,一听之后就哭了。"妈妈,妈妈,我害怕。"可是,妈妈在家太远了,听不到小兔的哭喊。

但是鱼妈妈听见了,她从水里钻出来,对小兔说:"乖孩子,勇敢点。抬头挺胸直起腰,直视前方大步走,两步三步就过去了。"于是,小兔抬头挺胸直起了腰,直视前方迈开了大步。果然,三步两步就过去了。

过去后,小兔转身跟鱼妈妈说:"谢谢您,以后我会做个勇敢的孩子。"

潮妈妈爸心语

亲爱的宝宝,每个人都会像小兔一样有害怕的时候,当害怕的时候,你要坚强起来,勇敢地面对。爸爸妈妈相信,你一定是一个勇敢的孩子。

49

第 62~63 天
音乐胎教：欣赏京剧

妈妈和宝宝变化

胎宝宝手指慢慢变得明显，肘关节可以做一些小的动作，骨骼开始发育。你可能总是在想怀孕的事情，试着和自己的丈夫好好谈谈，学会互相支持。

京剧是中国的国粹，孕妈妈可以时常听点京剧或将京剧的经典片段哼唱给宝宝听，让宝宝感受京剧的魅力。

京剧的脸谱来源于面具，是写意和夸张的艺术，常用蝙蝠、燕翼、蝶翅等作为图案勾画眉眼和面颊，结合夸张的鼻窝、嘴窝等来刻画人物面部的表情。一般来说，开朗乐观的脸谱总是舒眉展眼的，而悲伤或是暴虐的脸谱总是曲眉合目的。

京剧流播全国，影响甚广，被称为"国剧"。京剧走遍世界各地，也是介绍、传播中国优秀传统文化的重要手段。

第10周 正式成为"胎儿"

我现在可以正式被称为"胎儿"了,此时我身体的各部分已经初步形成,神经系统也开始有反应。现在,我已经准备好开始努力去感知外面的世界了,还可以作出一些反应呢!

第64~65天
名画欣赏:《睡莲》

妈妈和宝宝变化

这个时候胎宝宝大多数重要器官和系统都已经就绪。手和腿已经形成,并且有肘关节和腕关节。你现在首要考虑的是宝宝的健康问题,不管你的感觉如何,他都会从你体内获得必需的营养。

莫奈的《睡莲》是印象派的代表作。作品的光线、色彩富有充沛的活力,色块看似随意,实际上是符合光影规律的,可以看出莫奈对光和色彩的专注远远超过对物体形象的关注,能让人体悟到光与自然的浑然一体。

第 66~67 天
听萌宝宝的童言童语

妈妈和宝宝变化

胎宝宝开始弯曲手腕，膈肌正在慢慢发育，而且这个时候胎宝宝开始打嗝，这是将来产生呼吸的保证。

玉米的"头发"

一天，妈妈买了一些玉米给宝宝吃，宝宝边吃，边扯着玉米上的须须说："妈妈，好多头发呀！"

逗得妈妈笑破了肚皮，宝宝真是有创意呀！

想妈妈

宝宝被送到外婆家住一个月，看着别的小朋友在喊妈妈，也想妈妈，喊姑姑妈妈，喊邻居阿姨也是妈妈，一天看电视，有喊娘的，就说要喊我为娘，喊外婆为妈妈！

强人所难

中午，外婆想睡觉，可是小锦却不睡，外婆气得打他的屁屁，可是他也不老实呀，一直喊着："你干吗打我呀，你干吗打我呀！"

是呀，人家睡不着，外婆还要强迫人家！

什么是妈妈

妈妈问："有一种动物，长着两只脚，每天早晨天刚亮，就会叫你起床，一直叫到你起床为止。这是只什么动物呢？"

玲玲答："是妈妈。"

第 68~70 天
深呼吸有助胎教

妈妈和宝宝变化

胎宝宝的面部特征越来越明显，眼睑已经覆盖住眼球，大腿和小腿骨骼进一步发育。你在怀孕之后，要时刻注意，防止尿路感染。

做胎教时，胎宝宝的接受程度和孕妈妈的用心程度有着密切的关系。孕妈妈如果心绪烦躁，胎教效果会大打折扣。因此，在进行胎教前，最好能将情绪和注意力集中起来。这两天，孕妈妈来学习一种能促进胎教效果的呼吸法吧，这种呼吸法能让你的心情平静。

呼吸前的准备：自由放松

呼吸前，要先进行放松活动。孕妈妈可以自由选择场所，床或沙发都可以，地板上也不错，只要你觉得腰背舒展就好。然后放松全身，微闭双目，手放在你觉得舒适的地方，如身旁或腹部。穿宽松的衣物或运动服能帮助放松身体。

深呼吸

一边用鼻子吸入长长的一口气，一边默数"1、2、3、4、5"（约5秒钟，你在吸气时感觉到不能再吸了就可以了，不一定非要5秒钟），吸气时要让自己感到气体被储存在腹中。

然后，慢慢地将气呼出来，嘴或鼻子都可以，关键是要缓慢、平静地呼出来，时间可以达到吸气时间的两倍。就这样反复呼吸几次，孕妈妈很快就能感觉心情平静、头脑清醒了。

第11周 在妈妈肚子里不停活动

我现在又有了新的本领了，可以在妈妈的子宫里做吸吮、吞咽和踢腿的动作，我的心脏也开始工作，向所有器官供血，现在我已经做好了学习的准备，和妈妈一起了解外面的美好世界。

第71天
手工胎教：十字绣

妈妈和宝宝变化

胎宝宝的人类特征更加明显，在羊膜腔内，胎宝宝很活跃，会踢腿、吞咽，但是这个时候你还不能够觉察到这些。

孕妈妈手指上的神经会对宝宝脑部产生一定的刺激作用。孕妈妈多动动自己的手指，胎宝宝的脑部会变得更加发达。

可以进行的手工有很多，如折纸、陶艺、缝纫和编织等，最受欢迎的当属取材简单、费用低廉的十字绣了。做十字绣能让孕妈妈的心情很快平静下来，也能帮助提高注意力。孕妈妈在孕期多接触些美丽的颜色和形状，生出来的宝宝也会有比较高的审美能力。

孕妈妈在做十字绣时，还可以跟胎宝宝聊聊天，可以说一说正在为胎宝宝绣的东西，如枕头、围兜或儿童被等，也可以说说对某种颜色的喜好，充分调动胎宝宝的积极性。

第 72~73 天
轻松益智的脑筋急转弯

妈妈和宝宝变化

胎宝宝的头几乎占身长的一半，四肢相对短小，激素正在影响胎儿的发育，同时卵巢或睾丸正在形成，你可能会觉得骨盆区稍微有些不适，这是身体适应增大的子宫的正常反应。

叮咚……准爸爸的时间到啦！除了要负责孕妈妈的饮食，准爸爸还要肩负起让孕妈妈快乐的重任。今天，给孕妈妈和胎宝宝出些脑筋急转弯的题目吧，让大脑快速转动起来。

1. 蜘蛛侠和超人有什么不同？
2. 世界上的夫妻都有的一个共同点是什么？
3. 有一个问题，不论你问到任何人，答案都是"没有"，请问那是什么？
4. 什么池里没有水？
5. 大灰狼拖走了羊妈妈，小羊为什么也不声不响地跟了去？
6. 哪一种竹子不长在土里？
7. 风的孩子叫什么？
8. 鸭子会飞，煮熟的鸭子都会飞掉，有什么办法让煮熟的鸭子飞不掉呢？
9. 一个人丢了头毛驴却不去寻找，只是不停地喊"谢天谢地，谢天谢地……"，为什么？
10. 什么河里没有鱼呢？
11. 医治晕车最好的办法是什么？
12. 为什么大三的女生都很富有啊？
13. 三个人一起下田，其中一个人却老站在那里不动手，为什么？

答案： 1. 一个穿内裤外穿，一个穿外裤内穿。 2. 都是同年同月同日结婚的。 3. 你睡着了没。 4. 电池。 5. 因为小羊还没有出生。 6. 爆竹。 7. 水起。 8. 因为"风水轮流转"。 8. 给煮熟的鸭子理上翅膀。 9. 他想：还好自己没有在上面。 10. 银河。 11. 走路。 12. 女大三，抱金砖。 13. 稻草人。

第 74~75 天
有趣故事会:《聪明的小毛驴》

妈妈和宝宝变化

胎宝宝的视觉、听觉和味觉器官迅速发育,而且可以开始灵活活动了。胎宝宝的耳朵和眼睛现在可以通过超声波清楚看到了。

从前有一头勤勤恳恳的驴子,它的主人没日没夜地鞭打它,逼它干活,致使它的脚跛了,身上满是伤疤,再也没力气干活。

主人于是拿起一根大木棒,把它撵到荒野上。驴子又冷又饿,正在为自己的命运伤心的时候,一只大灰狼带着狐狸来到他面前。

大灰狼张开血盆大口,笑哈哈地说:"我们今天运气真好,这可真是到嘴的肥肉啊!"狐狸也在旁边激动得上蹿下跳。

驴子说:"唉,我被主人赶到荒野里。我倒不介意让你们饱餐一顿,但是我身上除了皮就是骨头,怕硌了你们的牙。不如这样吧,等到明年夏天,我把自己喂肥一点,你们吃起来也方便。"

狐狸对此表示反对,它担心还没等到明年夏天驴子就跑得无影无踪了。驴子马上说:"不用担心。你看我,脚都跛了,身体这么虚弱,能够跑到哪里去呢?"

听到毛驴的话,看看它瘦骨嶙峋的样子,大灰狼也觉得该等它养肥了再吃,于是带着狐狸走了。

冬去春来,地上长出了青翠的小草。驴子经过一个冬天和春天的休息,身体逐渐恢复,受伤的脚也灵便了。到夏天时,驴子已完全康复了,浑身的皮毛闪闪发光,腿脚矫健。

这天,大灰狼带着狐狸来吃驴子了。驴子说:"你们要吃我,还是舒服点吃。我现在身体壮了,力气又大,要是你们咬我,我就会反抗。不如这样,你们用一根长绳子,一头套在自己脖子上,将另一头拴在我腰里。你们一起使劲,我就没办法反抗了。"大灰狼于是找来一条绳子,照着驴子的话做了。绳子刚拴上,驴子便发足狂奔,将这两个坏蛋给拖死了。

此后,驴子就在荒野上自由自在地生活。

潮妈奶爸心语

宝宝你看，驴子多聪明，在面对大灰狼的时候一点儿不害怕，想出这样的好主意，惩治了坏蛋，救了自己。

第 76~77 天
教胎宝宝认字

妈妈和宝宝变化

胎宝宝的四肢在不断发育,并且具备了活动的能力。胎宝宝的眼睛更加接近于在面部的正常位置,颈部也在继续延伸。你需要更加关注牙龈和牙齿健康,刷牙要彻底。

今天,孕妈妈来教胎宝宝认汉字吧!

做几张识字卡片吧

找点儿硬纸,剪成适当大小的卡片,在上面写上"人、口、手、鼻、耳、眼"。孕妈妈在写的时候可以用不同颜色的彩笔,漂亮的颜色更能引起胎宝宝的注意,也能加深对色彩的认知。

开始教宝宝认字

在脑海中一遍遍描摹这些字的写法,然后大声地朗读出来。孕妈妈可指着自己的耳朵说:"宝宝,这就是'耳',你的耳朵在哪里呢?让妈妈来摸摸吧!"这样能让胎宝宝更积极地参与到这有趣的学习过程中来。

第12周 手舞足蹈的小可爱

我的器官和大脑在快速地发育着，我也更加善解人意了，尽管现在我的身长还不足妈妈的手掌大，但是我的运动能力却很强，一会儿踢踢腿，一会儿伸伸胳膊。现在我越来越聪明了！

第78天
《三字经》节选

妈妈和宝宝变化

脐带已经成熟，保证来自血液中的重要营养可以输送给胎宝宝，四肢充分发育。你的子宫开始升高，离开骨性盆腔。

人之初，性本善。
性相近，习相远。

释义：人生下来的时候都是善良的，只是由于成长过程中，后天的学习环境不一样，性情也就有了好与坏的差别。

苟不教，性乃迁。
教之道，贵以专。

释义：如果从小不好好教育，善良的本性就会变坏。为了使人不变坏，最重要的方法就是专心致志地去教育孩子。

昔孟母，择邻处。
子不学，断机杼。

释义：战国时，孟子的母亲曾三次搬家，是为了让孟子有个好的学习环境。一次孟子逃学，孟母就折断织机上的梭子来教子。

玉不琢，不成器。
人不学，不知义。

释义：玉不打磨雕刻，就不会成为精美的器物；人若是不学习，就不懂得礼仪，不能成才。

第 79~82 天
有趣故事会:《蘑菇桌》

妈妈和宝宝变化

这个时候你可以到医院进行一次超声波扫描,这是了解胎宝宝发育状况和对其进行全面检查的好机会。

刚刚下完一场雨,天空放晴了,小白兔高高兴兴地到树林里采野花。他蹦蹦跳跳地往前走,一边走一边四处看。突然,他发现大树下有一个大大的蘑菇,呀,那么大,就跟一张小圆桌一样,真好看啊!

小白兔心想,嗯,等我把野花采完了,我就到这个蘑菇桌上吃午饭,肯定特别棒。

小白兔前脚刚走,后面小松鼠也来了,他也看见了这个漂亮的大蘑菇。呀,在这个蘑菇桌上吃饭,感觉一定特好。小松鼠想着也去采花了。

后来啊,小狐狸、小猴子和小刺猬都打这里经过,都看到了这张漂亮的蘑菇桌,大家都想一会儿在上面吃午饭呢!

等到中午,大家都来了,争着抢着要在这张蘑菇桌上吃饭,谁都不肯退让。"哼,反正我要在蘑菇桌上吃饭,你们爱争就争去吧!"小白兔一下子跳到蘑菇桌前,坐下来了。

看到这架势,小松鼠、小狐狸、小猴子也你推着我我推着你挤到蘑菇桌前坐下了。就剩下小刺猬挤不进去。他可火了,一下子跳上蘑菇桌,啪嗒几脚,把蘑菇桌踩烂了。

现在,谁都不用争了。

"唉,你们这些自私自利的孩子!"大树公公摇动着枝叶,不满地说。五个小伙伴都低下头,红了脸。

小白兔说:"是我们不对,要是我们挤一挤,小刺猬也就有地方坐了。"

小刺猬脸更红:"是我不对,我太霸道了,毁了蘑菇桌。"

"我也不对!""是我的错!"另外几只小动物也纷纷道歉。

奇怪了，刚刚被踩烂的大蘑菇居然又一点点动起来，最后又拼成了一个特别大的蘑菇，跟刚才一模一样。

小伙伴们高兴极了，他们挤在蘑菇桌边一起享受他们的午饭呢！

潮妈奶爸心语

宝宝你看，蘑菇桌好，大家都想要，可是谁都没法独占，还是要同大家分享。如果像小刺猬那样，就谁都得不到了，多不合算呀！

第83~84天
美育胎教：给宝宝画几幅画

妈妈和宝宝变化

胎宝宝头颅前部的骨骼继续扩张，开始保护里面柔软的脑组织。如果你在爬楼梯的时候感觉到呼吸困难，不用担心，这是正常的妊娠反应。

孕妈妈画画也是一种良好的美育胎教。孕妈妈在画画时，颜色和图案会对大脑产生良性刺激；同时，胎宝宝也能得到好的艺术启迪。

不要担心画得不好

有的孕妈妈以前没画过画，担心自己画不好，这种担心是不必要的。因为孕妈妈画得好不好是次要的，关键是学画的过程，孕妈妈一直在动手动脑，这就会影响到胎宝宝。

画什么要跟宝宝说

孕妈妈在画的过程中，要不断地跟胎宝宝交流，告诉他你在用什么颜色，在画什么，是什么形状等，这样更能增强亲子间的互动。

来画张宝宝的画吧

孕妈妈看到了B超中宝宝的可爱模样，是不是很想将宝宝的模样画下来呢？孕妈妈可以自己给宝宝设计动作，画出来天天对着他说说话。

孕 **4** 月

加强胎教的作用

第13周 手能握成小拳头

我现在的脖子已经完全成形，并且可以支撑头部进行运动，可以通过皮肤振动感受器来"听"外界的声音，手能握成小拳头了。妈妈可以让我多听一些舒缓的音乐，开发我的音乐潜能哦！

第85天
给宝宝写首可爱的小诗

妈妈和宝宝变化

宝宝的脚趾已经分离，而且长度相同，踝关节已经可以活动。为了适应胎宝宝的生长，妈妈的子宫在不断增大。因此，妈妈的骨盆处可能会有些疼痛。

写诗是很好的抒情方式。将你对胎宝宝的爱和期望用直接、简洁、美好的文字表达出来，就是一首可爱的小诗了。不用纠结于自己的文笔和诗歌的韵律，只要具有真实、自然的情感，就可以尽情地表达出来。如果写出有韵律的小诗，还可以自己哼唱出来，作为献给宝宝的一首童谣，宝宝一定会非常喜欢，因为它是全世界独一无二的礼物。

第86~87天
蒙学经典：《百家姓》

妈妈和宝宝变化

胎宝宝此时漂浮在羊水中，羊膜腔是胎宝宝温暖的家，在出生之前，这里会保护他的安全，并免受感染。

今天，我们来读一读《百家姓》。《百家姓》与《三字经》《千字文》并称"三百千"，是我国古代启蒙教育的经典。孕妈妈读一下，找找自己的姓氏在哪里。每个姓氏都有一段有意思的来历，有兴趣的孕妈妈可以找一找。

赵钱孙李	周吴郑王	虞万支柯	昝管卢莫	温别庄晏	柴瞿阎充
冯陈褚卫	蒋沈韩杨	经房裘缪	干解应宗	慕连茹习	宦艾鱼容
朱秦尤许	何吕施张	丁宣贲邓	郁单杭洪	向古易慎	戈廖庾终
孔曹严华	金魏陶姜	包诸左石	崔吉钮龚	暨居衡步	都耿满弘
戚谢邹喻	柏水窦章	程嵇邢滑	裴陆荣翁	匡国文寇	广禄阙东
云苏潘葛	奚范彭郎	荀羊於惠	甄麴家封	欧殳沃利	蔚越夔隆
鲁韦昌马	苗凤花方	芮羿储靳	汲邴糜松	师巩厍聂	晁勾敖融
俞任袁柳	丰鲍史唐	井段富巫	乌焦巴弓	冷訾辛阚	那简饶空
费廉岑薛	雷贺倪汤	牧隗山谷	车侯宓蓬	曾毋沙乜	养鞠须丰
滕殷罗毕	郝邬安常	全郗班仰	秋仲伊宫	巢关蒯相	查后荆红
乐于时傅	皮卞齐康	宁仇栾暴	甘钭厉戎	游竺权逯	盖益桓公
伍余元卜	顾孟平黄	祖武符刘	景詹束龙	万俟司马	上官欧阳
和穆萧尹	姚邵湛汪	叶幸司韶	郜黎蓟薄	夏侯诸葛	闻人东方
祁毛禹狄	米贝明臧	印宿白怀	蒲邰从鄂	赫连皇甫	尉迟公羊
计伏成戴	谈宋茅庞	索咸籍赖	卓蔺屠蒙	澹台公冶	宗政濮阳
熊纪舒屈	项祝董梁	池乔阴郁	胥能苍双	淳于单于	太叔申屠
杜阮蓝闵	席季麻强	闻莘党翟	谭贡劳逄	公孙仲孙	轩辕令狐
贾路娄危	江童颜郭	姬申扶堵	冉宰郦雍	钟离宇文	长孙慕容
梅盛林刁	钟徐丘骆	郤璩桑桂	濮牛寿通	司徒司空	百家姓终
高夏蔡田	樊胡凌霍	边扈燕冀	郏浦尚农		

65

第88~89天
有趣故事会:《快活的大汽车》

妈妈和宝宝变化

胎宝宝的眼睛已经离开了头部的侧面,脑部的全面发育让胎宝宝有了更多的反应和活动。孕妈妈还无法察觉到胎宝宝的活动,但是仍然可以和他进行互动。

天还没大亮,大汽车就开始了自己的旅程。路上车辆很少,一辆小汽车迎面开过来,"嘀嘀"地按喇叭,大汽车赶紧让到一边去。小汽车飞快地向前开走,一股烟雾般的灰尘从车后腾起。

看到这情形,大汽车心里有点委屈。小汽车特别神气,车厢里有空调,冬暖夏凉,也只有珍贵动物才能坐进去,一般动物想都别想。而大汽车就是普通的公共汽车,大家想坐就可以坐上去。

大汽车正在想,突然听见"早上好"的声音,停下来一看,原来是袋鼠妈妈兜着孩子。袋鼠妈妈上车之后感激地说:"谢谢你,要不是你,我还得带着孩子走好远的路呢!"

听见袋鼠妈妈的感谢,大汽车心里很高兴。往前走了一段,一只断了腿的小白兔也想上车。小白兔坐上车,对大汽车说:"谢谢你,大汽车。如果不是你,我就没法去看望外婆了。"

小白兔刚坐稳,大汽车又听见了喊叫:"等一下,我也想上车!"

大汽车找了好久,终于发现地上有一只小蚂蚁。小蚂蚁说:"谢谢你,大汽车,我想到小河边参加聚会,可我自己估计几年工夫都走不到那里呢!"

之后,小山羊、小鹿、小野鸡、小青蛙、小松鼠、小刺猬等都坐上了车。他们的目的地都不一样,但大汽车还是挨个儿把他们送到了想去的地方。当最后一名乘客到站时,大汽车一点都不觉得疲累,之前的那点儿委屈也早就不见了。

因为这一天大汽车太劳累,所以到家就呼呼大睡。等到第二天它醒过来,发现太阳都要爬上山顶了。它急了:"大家都还等着坐车呢!"

潮妈奶爸心语

大汽车因为帮助小动物们，得到了赞扬和肯定，小动物们还把它擦得干干净净，所以大汽车发自内心感到高兴。宝宝，当你帮助别人得到赞扬之后，你就会明白这种高兴的感觉了。

突然，大汽车有了重大发现：车窗上插着漂亮的鲜花，车子被擦得干干净净。大汽车正在疑惑，小鹿、小山羊、小松鼠等动物笑嘻嘻地从车下钻出来，对它说："大汽车，你为了我们这样辛苦，我们也很高兴为你做点儿事情。"

第 90~91 天
音乐胎教：《蓝色多瑙河》

妈妈和宝宝变化

胎宝宝大多数时候是蜷缩着身体的，双腿交叉，手放在脸前。孕妈妈身体的激素变化正在趋于稳定，当它们稳定之后，恶心感也就会消失了。

孕妈妈今天来欣赏优美动听的《蓝色多瑙河》吧，这是由"圆舞曲之王"约翰·施特劳斯创作的经典曲目。

这样听

在心情平静的时候带着胎宝宝来听这首曲子吧，还可以在头脑中勾勒出多瑙河湛蓝的河水、如画的风光，并将这种美的感受传递给胎宝宝。

约翰·施特劳斯和他的《蓝色多瑙河》

多瑙河是流经中欧的一条主要河流。约翰·施特劳斯不知多少次泛舟多瑙河上，漫步在它的两岸。那湛蓝的河水、如画的风光、村民朴实的舞蹈、美丽动人的传说，使作曲家感到犹如身在母亲温暖的怀抱之中，经常流连忘返，不愿离去。在阅读好友格涅尔的诗篇《美丽的蓝色多瑙河》时，乐思如同奔腾的河水，激荡在他的心头，由此创作出了这首传世名曲。

关于这首曲子

《蓝色多瑙河》圆舞曲写于1867年，是约翰·施特劳斯创作的四百多首圆舞曲中最著名的一首，由五首小圆舞曲组成。序奏里，在小提琴描写水波荡漾的轻微震音的背景上，先由圆号演奏多瑙河的音乐主题。第二圆舞曲主题性格活泼，副题比较悠扬。第三圆舞曲主题跳跃性比较强，副题带有流动性的特点。第四圆舞曲主题充满幸福感，并富于歌唱性，副题旋转性比较强，情绪也比较热烈。第五圆舞曲有着欢快和热烈的气氛，然后是结束部分，这里再现了前面几个小圆舞曲的部分旋律，好似一种回顾，最后在把欢乐的情绪推到高潮时结束。

第14周 骨头一点点硬实了

我的骨骼继续发育,骨头一点点变硬实,软骨开始形成。另外,我的胃内消化腺和口腔内唾液腺也会形成。我的脏器功能也在不断地锻炼和完善中,吞咽、排尿都很正常。

第92~93天
知识胎教:"喵星人"的神奇之处

妈妈和宝宝变化

孕妈妈的腰围会增加,形体开始改变,但在几周之内还不会出现明显的腹部隆起。即使现在是发育的早期阶段,胎宝宝也已经开始产生尿液,虽然量会很小。

"喵星人"是将猫戏称为从遥远外太空的喵星球来到地球的外星人,利用很萌的外表骗取人类的信任,然后出其不意地占用地球的鱼资源。猫是家庭中极为常见的宠物。与猫有关的有趣特征很多。

非常爱睡觉

猫一天中有14~15小时是在睡眠中度过的,有的甚至能睡上20个小时,所以被称为"懒猫"。其实,猫有3/4的时间是假睡,只要有点儿声响,耳朵就会动,有人走近就会一下子站起来。

我行我素

猫是很任性的,经常我行我素。有时,你怎么叫它,它都当没听见。猫和主人不是主从关系,而是朋友关系。

爱干净

猫的舌头上有许多粗糙的小突起,这是猫清除脏污最合适的工具。猫经常清理自己的毛,爱舔身子。饭后会用前爪擦擦胡子,被抱后会用舌头舔舔毛。这些都是猫去除身上异味的行为。

第94~95天
学习简单的趣味图形

妈妈和宝宝变化

如果孕妈妈感到衣服不合身,可以选购一些合适的衣物了。胎宝宝的耳朵部分已经形成螺旋状的褶皱,但还没有听力。

今天,带着胎宝宝来认识一下生活中常见的各种图形吧,如圆圆的太阳、方方的桌子、弯弯的月亮、尖尖的塔楼等。孕妈妈还可以在纸上画出各种图形,再动手涂上漂亮的颜色,告诉胎宝宝圆的是什么,方的是什么,椭圆的又是什么,胎宝宝会很感兴趣的。

圆形　　正方形　　梯形　　菱形

三角形　　星形　　心形　　小草

第 96~98 天
年画欣赏:《射桃子》

妈妈和宝宝变化

孕妈妈有着比较轻微的妊娠反应,也可能有鼻塞的不适。胎宝宝的中枢神经系统,包括大脑和脊髓,都已经具有了基本结构。

看这个胖娃娃,手里拿着弓,眼睛看着被箭射中的桃子,露出欣喜的表情,一副憨态可掬的模样!又大又圆的桃子鲜美诱人,令人垂涎欲滴。

看到这幅图,孕妈妈是不是想象着自己的宝宝也如此活泼可爱呢?

第15周 能感觉到光线强弱了

我的眼睛虽然仍是闭着的，但已经能感觉到光线强弱了。如果爸爸用手电筒照射孕妈妈的腹部，我很可能因感觉陌生和不熟悉而将头转开呢！我的眉毛开始长出来，头发也在迅速生长，头发的粗细和颜色在出生后都会有所改变。

第99天
运动胎教：做有氧操

妈妈和宝宝变化

胎宝宝的眼睛慢慢从头两边移向头内侧。前3个月会有如恶心和疲劳的妊娠反应，现在已经基本减轻或消退了。胎宝宝的外形发育良好，内部正在发生复杂的变化，继续成熟着。

两脚用力分开，蹲下，双手抓住两个脚踝。

上臂上抬至肩膀，上半身左右转动。

第 100~101 天
用手语跟宝宝道早安、晚安

妈妈和宝宝变化

孕妈妈跟胎宝宝自由交谈的时候，他已经能分辨出妈妈的声音了。

早上起来，孕妈妈、准爸爸都不要忘了跟宝宝打个招呼哦！可以直接说"早上好"，也可以用手语跟宝宝问好！

早上好

早上：一手四指与拇指相捏，手背向上横放在胸前，缓缓向上竖起，五指逐渐松开，象征天色由暗转明。

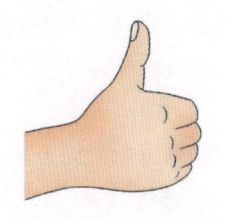

好：一手握拳，拇指向上。

晚安

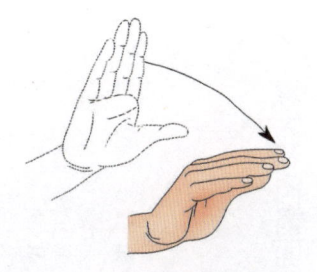

晚（晚上）：一手四指并拢与拇指呈 90 度直角，放在眼前。再慢慢做弧形下移，同时五指捏合，象征天色由明转暗。

安：一手横伸，掌心向下，自胸前向下一按。

第 102~103 天
动手巧做意大利肉酱面

妈妈和宝宝变化

孕妈妈这个阶段看起来容光焕发，非常健康。胎宝宝的骨骼清晰可见了，脂肪较少，看起来"皮包骨头"。神经管是脊髓在最初几周内的初期形态，现在胎宝宝的脊髓已经基本成熟。

怀孕后，嘴馋了，想吃点西餐。此时，不妨动手做点自己爱吃的吧，健康又美味，动手又健脑！

意大利肉酱面

原料

意大利直面 200 克，牛肉末 150 克，洋葱 20 克，番茄 25 克。

调料

蒜、黑胡椒粉、盐、芝士粉、鲜法香各 5 克，番茄酱 20 克，橄榄油 10 克。

做法

1. 洋葱撕去老膜，去蒂，洗净，切碎。
2. 番茄洗净，去蒂和皮，切碎。
3. 蒜去皮，洗净，切末。
4. 法香择洗干净，切末。
5. 汤锅置火上，倒入适量清水，加少许盐烧开，放入意大利直面煮熟，捞入漏勺中沥干水分，装盘，淋入少许橄榄油拌匀。
6. 锅置火上烧热，倒入橄榄油，加入洋葱碎、番茄碎、番茄酱、蒜末炒出香味。
7. 放入牛肉末翻炒熟，淋入 200 克温水，盖上锅盖小火熬 25~30 分钟，加盐、胡椒粉调味，制成肉酱，盛出。
8. 浇在盘中煮好的意大利面上，撒上芝士粉和法香末即可。

① ② ③ ④ ⑤ ⑥ ⑦ ⑧

> **温馨提示**
>
> 　　肉酱可一次多做一些，晾凉后装入密闭的盛器中放进冰箱冷藏，能保鲜一周左右，可随吃随取。意大利直面可以换成意大利斜管面或意大利蝴蝶面，做出的意面也很好吃。

75

第 104~105 天
有趣故事会:《司马光砸缸》

妈妈和宝宝变化

孕妈妈找到舒服的睡眠姿势很有益，会在整个妊娠期给你带来好处。

司马光从小就是个喜欢学习的孩子，特别认真刻苦。

七岁那年，司马光跟小朋友去市集玩，忽然有一处声音吸引了他的注意力，原来是有人在讲述《左氏春秋》。司马光不知不觉地走过去，扎进人堆里听起来，完全忘了其他小朋友。他听得入了迷，一直到傍晚说书人撤了摊子打算回家，他才依依不舍地离开了。

回家之后，司马光就迫不及待地将听来的春秋故事讲给家里人听。虽然只是听了一个下午，但是他都能说出《左氏春秋》的大体情节。从此之后，司马光更是迷上了读书学习，早晨天还没亮就爬起来捧着书卷读，到深夜还舍不得睡觉。他看书经常看得忘了时间，不知道肚子饿，也不知道口渴，外面是刮风下雨还是出大太阳，他更加不知。

有一个夏天，天气特别炎热，大人们都出门去了，小朋友们在他家院子里玩耍。好多小朋友都在窗子外面叫司马光出来一起玩，可是他摇摇头拒绝了，他觉得还是书中的世界更吸引他。

院子里有一口大水缸，缸里装满了水，小朋友们玩着玩着便打起赌来。大家都说这口水缸特别大，肯定能够淹死人。有个小胖子就不相信，非说这口水缸没那么大，也没那么可怕。其他人不高兴了，嚷嚷起来："你说这水缸不大，要不你爬进去试试？"

小胖子经不起激将，真的爬到水缸边上，可是水缸太滑了，他一头就栽进去了。看到这情景，大家都吓傻了。一群人在周围绕来绕去，就是想不出什么办法，于是哄哄闹闹地四散跑开了。

潮妈奶爸心语

司马光是一个聪明、爱动脑筋的好孩子。一般人看到小朋友掉进水缸，都会想翻到水缸顶上去把这个小孩捞起来，但自己也有掉下去的危险。而司马光另外想了一个办法，直接砸破水缸，救了那个小孩。

　　司马光听见院子里传来"救命"的声音，赶紧扔下书卷跑出去，见到这情景，司马光没有慌乱，绕着水缸想了一下，赶紧从墙角捡来一块大石头，照着水缸就狠命砸下去。水缸被砸破了，水缸里的水喷出来。这个小胖子终于得救了。

第16周 握拳、伸脚、眯眼，这些我都会了

这周，我的胳膊和腿部都发育完成，关节也开始活动。我的神经系统开始工作，肌肉对来自大脑的刺激有了反应，开始能够协调运动。在安全的空间里，我会非常活跃，常常翻身、翻筋斗、乱踢一通。

第106天
名曲欣赏：《糖果仙女舞曲》

妈妈和宝宝变化

胎宝宝的指尖开始突出，每根手指都是独立的，可以单独活动。每根手指都微微自然张开，这是宝宝小手最舒服的姿势。

今天我们来欣赏一段充满动感的旋律。在奇妙的糖果王国，美丽的糖果仙子正跳起舞蹈欢迎孕妈妈和胎宝宝的到来，和她们一起快乐地舞蹈吧！

什么时候听

在感觉到胎宝宝在肚子里动时放这首曲子来听，欢快的感觉会感染到孕妈妈和胎宝宝。

怎么听

休息时，当你能感觉到宝宝在肚子里活动，就可以放这首曲子来听，欢快的感觉会感染到你和宝宝的情绪。你可以想象自己是糖果仙子，在快乐的糖果王国中，与王子和小姑娘一起舞蹈、欢笑。

关于这首曲子

《糖果仙女舞曲》是柴可夫斯基的作品，他用刚刚发明的钢片琴来演奏，音调既甜蜜腻人，又清脆透亮，这就是糖果仙女的写照，使人很自然地联想到糖果王国中像小玻璃碎片那样晶莹夺目、五彩缤纷的糖果的颜色。

第107~108天
看看可爱的萌宝宝吧

妈妈和宝宝变化

胎宝宝的脚趾开始伸长，微小的足弓开始显现。胎宝宝可以随意抓住自己的脚了，但还不能将其放入嘴中。

小家伙真是太可爱了！孕妈妈将来也能生下这么活泼纯真的小宝贝呢，是不是很开心？能拥有一个健康聪明的宝宝，受再多的苦也是值得的！

第109~110天
有趣故事会:《三个和尚》

妈妈和宝宝变化

胎宝宝的皮肤此时仍然是半透明的,这一时期,皮下脂肪很少,骨骼在不断生长和成熟着。为了帮助胎宝宝的肺扩张和发育,以及做好呼吸的准备,需要保证胸腔完全浸润在羊水中。

山上有座小小的寺庙,庙里只有一个小和尚。小和尚每天天还没亮就起床下山挑水。挑水要翻过一座山,非常困难。挑水回来之后,小和尚就生火做饭、念经、敲木鱼。夜里他把东西都放置好,不让老鼠来偷东西。

后来,庙里来了一个高大的和尚,这和尚胃口大,刚进寺庙,就喝了小半缸水。小和尚要他去挑水,他觉得自己一个人去太吃亏了,得叫上小和尚一起去。可是庙里只有一个扁担、两个桶。于是大个子要小和尚同他一起去抬水。两个人抬水的话,只能抬一只水桶,而水桶一定要放在扁担正中间,否则两人肯定要吵架,都觉得自己吃亏了。

再后来,寺庙里来了一个胖和尚。小和尚和大个子和尚就叫胖和尚去挑水。胖和尚倒是挑了两桶水上来,可是他不给他俩喝。看到这情形,原先的两个和尚很恼火,大家都气鼓鼓的,谁也不理谁。此后,和尚们都不挑水了,没水喝,大家就忍着。

以前小和尚一个人在的时候,夜里老鼠根本就不敢出来。现在,和尚多了,可是谁都不管老鼠偷东西的事。老鼠见没人管,胆子越来越大,有一天打翻了烛台,酿成大火。三个和尚齐心协力才把火扑灭了。大火灭了,他们才明白齐心协力的重要性,开始轮流下山挑水。

潮妈奶爸心语

《三个和尚》的故事，可是爸爸小时候就听过的故事呢，"一个和尚挑水喝，两个和尚抬水喝，三个和尚没水喝"。你看，这三个和尚都斤斤计较，不愿意分享，不想为他人分忧，结果酿成大祸了。宝宝，你要吸取三个和尚的教训啊！

第111~112天
名画欣赏:《小淘气》

妈妈和宝宝变化

胎宝宝的皮肤开始隔绝水分,增加的羊水主要来自胎儿的肾脏和膀胱中的尿液。尿液中不含代谢物,因为它们都被转移到了胎盘。

今天推荐孕妈妈欣赏的是19世纪末法国著名的唯美主义画家布格罗的一幅画——《小淘气》。这是一幅浪漫的作品,画面中小女孩翻墙下不来,被路过的母亲"搭救",母女相互对视,"悔过""原谅"的眼神被刻画得淋漓尽致。孕妈妈看着这一母女情深的画面,是不是也体会到了它的动人之处呢?

孕5月

宝贝的小手碰到妈妈啦

第17周 我能听见妈妈的肚子咕咕叫了

现在,子宫里的我和出生后一样可爱,找到了第一个玩具——脐带。我的肺开始不断吸入和呼出羊水。我的听觉开始发育,能听到孕妈妈身体内部和外面世界的声音,有些声音还会引起我的反应。

第113天 欣赏《八骏马》十字绣

妈妈和宝宝变化

胎宝宝正在健康发育,流产的概率大大降低,这都会让孕妈妈感到安心。此时是妊娠的安全时期,是孕妈妈和准爸爸享受美好时光的旅游时机。

看,这八匹骏马在草原上奔驰着,鬃毛迎风翻卷,连马蹄下的野草都有了动感。这八匹马色泽光亮,各有姿态,形态和神韵兼备。

孕妈妈在欣赏这幅十字绣的时候,有没有感受到迎风疾驰的速度和栩栩如生的动感?

第114~115天
运动胎教：快步走和半蹲练习

妈妈和宝宝变化

胎宝宝非常活跃，可以蜷缩和伸展躯干，仰头和低头，独立活动手臂和腿，甚至会在子宫中翻跟头了。

这时候，孕妈妈由于全身血液循环的增加以及增大的子宫压迫血管，容易出现水肿、精神困乏、浑身无力等现象。孕妈妈通过运动能够吸入更多的新鲜氧气，排出身体内的废物，增强身体的抗病能力。

快步走

快步走时，手臂摆的幅度稍大些，步伐也更快点，心率尽量控制在120~140次/分钟。

半蹲练习

两脚自然分开，膝盖对准脚尖方向，手臂自然下垂放在身体的两侧，目视前方。吸气时，屈膝半蹲，手臂向前平举，呼气时还原，反复练习10次。

第116~117天
有趣故事会:《聪明的木匠》

妈妈和宝宝变化

孕妈妈在能感受到胎宝宝的活动前,听胎宝宝心跳是和他保持亲近的好方法。妊娠期间保证足够的饮水对胎儿的健康很重要,所以请随身携带水瓶。

小木匠和地主是邻居,门对着门。这个地主非常霸道,村子里的人他都欺负,小木匠也被他欺负得很惨。

有一天,地主清早起来,发现大门坏了。不知道是谁夜里头拿斧头砍的,烂了一个大窟窿。地主婆跳脚骂了一上午,也没人站出来承认。事实上,大家都讨厌地主这一家人,所以,地主查不出来到底是谁砍他家的门。

地主只好请小木匠来重新为他做一扇门。小木匠说:"做大门可得要上等的木料,普通木料不够结实。"地主家里多的是木料,堆在仓库里都被虫子咬了。可是地主只拿出了刚好够做一扇门的木料。

过了几天,地主在家算账,小木匠推门进来问:"门做好了,还要做什么吗?"地主高兴坏了,以为还有多的木料,于是赶紧说:"再做一扇窗户。"小木匠就去把刚刚做好的门拆了,做了一扇窗户。

做好后,小木匠又去问还要做什么。地主以为还有剩余的木料呢,就说:"那就再做一个锅盖。"小木匠又回去拆了窗户,做了一个锅盖。锅盖做好了,小木匠又去问还要做什么。地主想,剩的木料即便还有,肯定也是一点点边角料了,于是问剩下的木料还够做点儿什么。小木匠说:"能够做一个鼻烟壶盖。"地主忙不迭地让小木匠去做。

于是,小木匠就把锅盖拆开,做了一个小小的鼻烟壶盖子。

潮妈奶爸心语

宝宝,这个小木匠够聪明吧!用这样的法子,好好治了这个贪心又霸道的地主。

第118~119天
营养胎教：补钙助生长

妈妈和宝宝变化

胎宝宝的身体各个部分的供血都有增强，以便提供发育所需的营养；能清楚地看到血管，少量脂肪开始出现。

宝宝的骨骼正在生长，很需要补充钙质。今天，准爸爸就下厨为孕妈妈和胎宝宝做点补钙的食物吧！

香菇虾仁豆腐羹

原料

香菇丁60克，虾仁100克，豆腐块250克。

调料

葱花、姜丝、盐、水淀粉、香菜末各适量。

做法

① 虾仁洗净，加盐拌匀，放油锅略煸，盛出。
② 另起油锅，爆香葱花、姜丝，加香菇丁略煸，盛出。
③ 锅内加水烧开，放入豆腐块和香菇丁烧滚，再加虾仁烧开，用水淀粉勾芡，放盐调味，撒上香菜末即可。

第18周 跟妈妈玩捉迷藏

这周,我的身体比例更趋协调了,下肢比上肢长,下肢各部分也都呈正常比例,身体发育越来越完善。我越来越爱动,所以胎动会越来越频繁,很爱跟妈妈玩捉迷藏的游戏。

第120天
成语故事:揠苗助长

妈妈和宝宝变化

有的孕妈妈可能会觉察到胎儿的活动,不过部分孕妈妈可能会更晚一些才能觉察到。

今天,给宝宝讲个有趣的故事吧!孕妈妈也从中领悟一下过犹不及的道理!

有个急性子的宋国人,日夜盼望稻田里的稻子快些长大。可是,稻子是要慢慢长的,不能照他想的那样长得那么快。

有一天,他想出了一个妙计:下田去,把每棵稻子都从土里拔高一些。

"好累啊!辛辛苦苦干了一整天!不过,田里的稻子倒是都长高了好些。"

他的儿子听说田里的稻子长高了好些,连忙跑到田里去看。可是,糟糕得很,田里稻苗的叶子已经开始枯萎了。

第121~122天
手工课：折百合花

妈妈和宝宝变化

孕妈妈每周体重都会增加400克左右，这是正常的。胎宝宝早期的牙蕾和下颌骨都开始硬化，和其他骨骼一样，钙质开始沉积。

孕妈妈来折百合花吧，可以用不同颜色的纸来折，并在上面写下对宝宝的祝福。

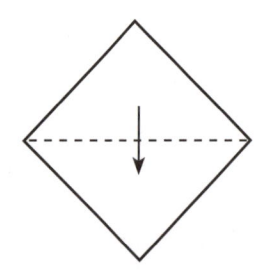

（1）将正方形的纸对角折。

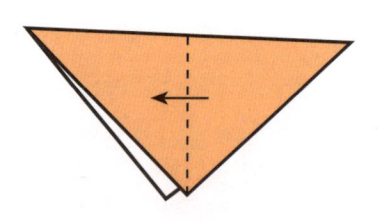

（2）再对角折。

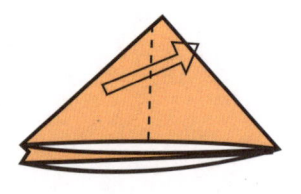

（3）拉开上层袋子。

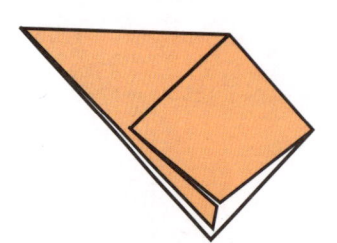

（4）背面折法相同。

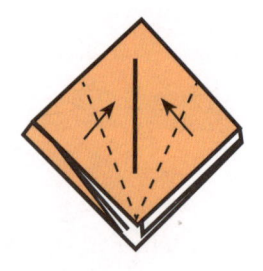

（5）集中一角折，背面相同。

（6）打开，背面相同。

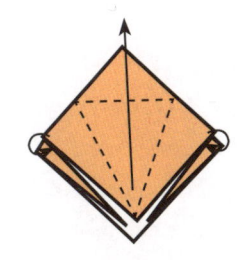

（7）按照折痕打开袋子向上拉，左、右两边向中心线折。

（8）背面折法相同。

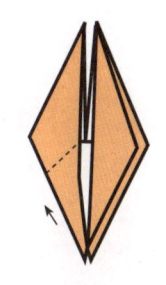

（9）完成双菱形。

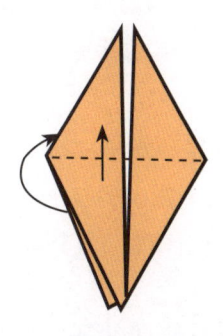

（10）将双菱形下面的两角向上折。

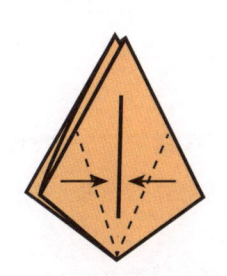

（11）两侧沿着虚线向中心折。

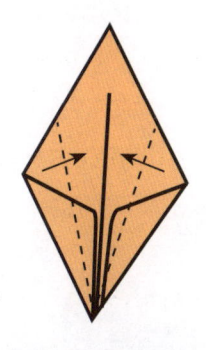

（12）再向中心线折。

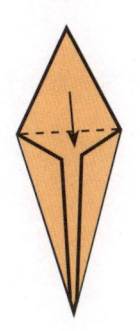

（13）向下折，其他三片也一样。

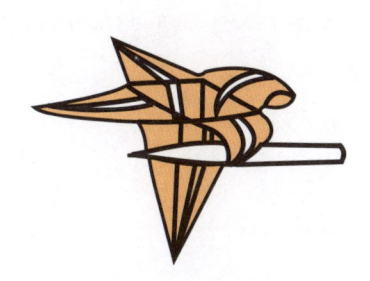

（14）把花瓣尖端用笔卷一卷。

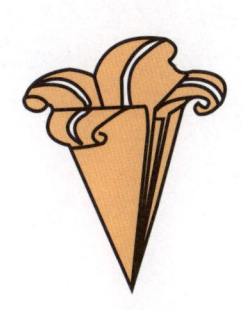

（15）完成。

91

第 123~124 天
有趣故事会:《乌鸦喝水》

妈妈和宝宝变化

孕妈妈的肚子日益明显,成为他人话题的焦点。胎宝宝会伸直腿,更加用力地踢母亲,尤其对经产妇来说,会更容易感受到胎儿的运动。

有一只小乌鸦,离开妈妈去独立生存。可是,独立生存说起来容易,做起来可真难啊!小乌鸦从昨天晚上到现在,还没喝上一滴水呢!它觉得嗓子里干得冒烟了,飞来飞去到处找水喝。可是附近连条河都没有,要上哪里去找水呢?

小乌鸦在树林里转悠,想找到一片带露珠的叶子。可是露珠早就被空中照耀的太阳蒸发掉了。小乌鸦实在累极了,收起翅膀,站在一根小树枝上喘口气。就在这个时候,它忽然有了意外的发现。树底下有个小玻璃瓶,瓶子里居然还有水!

小乌鸦高兴得一头扎下去,到了瓶子跟前又伤心了。瓶子里虽然有水,可是水不够多,瓶口又很小,乌鸦再怎么使劲,也够不着水。要怎么办才好呢?

乌鸦急得团团转,明明看到了水,可是又喝不到,这实在太难受了。嗓子里好像有把火在烧,烧得它心烦意乱的。小乌鸦四下里打量着,看到附近有一堆小石子,脑子里突然想出了一个主意。

它高兴地扑棱着翅膀,从旁边一颗一颗地衔来小石子,放进瓶子里。瓶子里的水面渐渐往上升,小乌鸦终于喝到水了!

潮妈奶爸心语

宝宝，你看乌鸦这样就喝到水了，你要不要也试一试？看看能不能喝到水？

第125~126天
手工课：折千纸鹤

妈妈和宝宝变化

肚子里的是男宝宝还是女宝宝，现在已经非常明显了，孕妈妈、准爸爸对此也很好奇呢！胎宝宝的外耳已经基本形成，内耳的结构正在逐步成熟中。

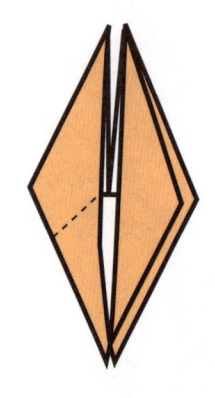

（1）将纸折成双菱形（折法见第90~91页），再压折出颈部。

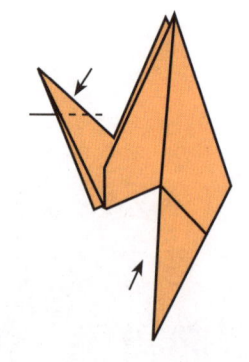

（2）压折头部和尾部。

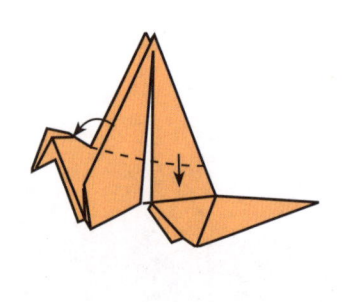

（3）两角向下折成翅膀。

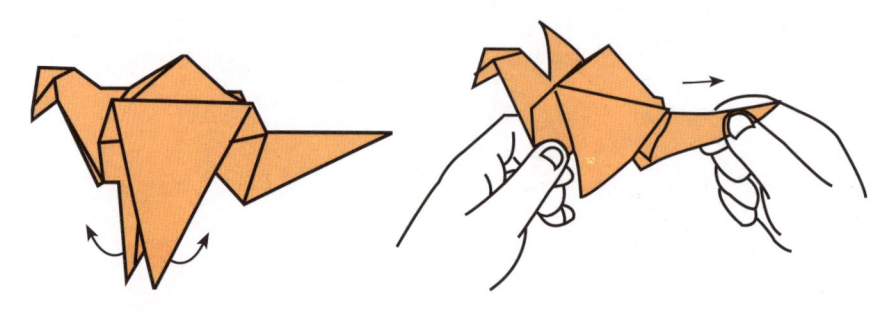

（4）翅膀向上拉平。

（5）向后拉动尾部，千纸鹤的翅膀就动起来了。

第19周 能听见羊水内外的声音

我的感觉器官在这周开始迅速生长。嗅觉、触觉、味觉、听觉、视觉从现在开始在大脑中专门的区域发育。此时，我的神经元数量减少，神经元之间的连通开始增加，也能听到羊水内外的声音啦！

第127~128天
古诗欣赏：《归园田居》（其一）

妈妈和宝宝变化

胎宝宝通过脐带与胎盘相连，在羊水中漂浮着。随着妊娠时间的推进，孕妈妈会对胎宝宝产生日益强烈的依赖感和保护欲。

今天孕妈妈来教胎宝宝读一首自然清新的田园古诗。这首诗是东晋著名诗人陶渊明的作品。希望宝宝将来长大后，也像诗人一样热爱自然，真诚地对待自己的生活。

归园田居（其一）　陶渊明

少无适俗韵，性本爱丘山。
误落尘网中，一去三十年。
羁鸟恋旧林，池鱼思故渊。
开荒南野际，守拙归园田。
方宅十余亩，草屋八九间。
榆柳荫后檐，桃李罗堂前。
暧暧远人村，依依墟里烟。
狗吠深巷中，鸡鸣桑树颠。
户庭无尘杂，虚室有余闲。
久在樊笼里，复得返自然。

第129~130天
一家三口的互动游戏

妈妈和宝宝变化

孕妈妈可能会对一些很平常的事情感到焦虑，要时刻记得胎宝宝在子宫中得到了很好的保护，很安全。

孕19周，胎宝宝会出现胎动，这时可以进行适当的抚摸胎教。坚持做下来，能促使胎宝宝的运动神经发育，并能让胎宝宝感受到妈妈的爱意。

抚摸胎教实施的时间

在孕妈妈临睡前，可以和准爸爸一起从左到右、从上到下轻轻地抚摸腹中的胎宝宝。

实施方法

1. 轻轻叩击腹部。叩击式胎教是孕妈妈或准爸爸用双手稍握拳，轻轻叩击腹部，时间3~5分钟为宜。

2. 轻轻抚摸腹部。孕妈妈或准爸爸用双手轻轻抚摸腹部，并集中注意力将爱意传递给胎宝宝，等待胎宝宝做出反应。孕妈妈可以根据胎宝宝的反应决定时间的长短。

3. 轻轻触压。在孕妈妈感到胎动时，用手指轻轻触压胎动部位，以达到刺激胎动的效果。

不宜进行抚摸胎教的情况

1. 孕早期和临近预产期的孕妈妈不宜进行抚摸胎教。

2. 孕妈妈如出现了不规则子宫收缩、腹痛、先兆流产等不适，不宜进行抚摸胎教，以免发生意外。

3. 如果胎宝宝躁动不安、胎动频繁，则抚摸胎教应立即停止，以免发生脐带缠绕等意外事故。

4. 孕妈妈如果有流产、早产、产前出血等不良产史，则不宜进行抚摸胎教，最好能用其他的胎教法代替。

第 131~133 天
运动胎教：转动腰部和推动骨盆

妈妈和宝宝变化

孕妈妈的胎宝宝是独一无二的，因为出现了指纹。孕妈妈适宜多吃富含维生素 E 的食物，可以减少宝宝产生过敏的概率，包括哮喘。

转动腰部

1. 两腿向前，完全伸直并分开，脚腕向上弯曲，挺直背部并保持此坐姿。
2. 转动身躯向后看，左右两个方向交换（此动作可松弛肋部肌肉）。

前后推动骨盆

1. 两腿分开，与肩同宽，保持站姿并稍稍弯曲膝盖。
2. 上身保持不动，用力向前推骨盆，再用力向后退。

第20周 能记住准爸爸的声音

我的大脑具备了记忆能力。我变得越来越好看了：嘴变小了，两眼距离更靠拢了些，只是鼻孔仍然很大，而且是朝天鼻，不过鼻尖会慢慢发育起来，鼻孔慢慢变得朝下。那时候，我会更漂亮的。

第134天
动脑游戏：猜谜语

妈妈和宝宝变化

大部分的孕妈妈会在本周感受到第一次胎动。胎宝宝仍然是个大头娃娃，头很大，四肢也长大了不少。

早上醒来，看到从窗户射进来的太阳光，孕妈妈心情一定很好！那么就带着愉悦的心情来猜几道谜语吧！

1. 有门不用锁，有顶无底座，夏夜门关起，天亮门开启。（猜一床上用品）
2. 小铁狗，把路走，走一步，咬一口。（猜一日用品）
3. 麻房子，红帐子，里面睡个白胖子。（猜一食物）
4. 一个小姑娘，长在水中央，身着粉红裙，坐在绿船上。（猜一植物）

答案：1.蚊帐 2.剪刀 3.花生 4.荷花

第135~136天
光照胎教：胎宝宝来晒太阳吧

妈妈和宝宝变化

胎宝宝开始用手和脚来了解周围的环境，四肢可以进行自由的各个角度的活动了，胎宝宝的感觉是最为敏锐的。

抚摸胎教实施的时间

勤晒太阳对孕妈妈来讲是既重要又经济的补钙良方。天气好的话，孕妈妈就可以在阳光温暖、光线又不太强烈的地方晒晒肚皮，这样能起到让宝宝见见光线的作用，还能补充一定的维生素D，促进钙质吸收，帮助胎宝宝的骨骼发育。

注意避免高温炎热的天气

在高温下，孕妈妈会感觉不适。而且，为降低体温，孕妈妈的血管会自动收缩，通过血管向胎儿输送的养分也随之减少。所以要避免在夏季中午最热的时候到户外晒太阳。

每天的日晒时间充足

晒太阳要足量，冬季每天不少于1小时，夏季每天不少于半小时。

掌握每天最佳日晒时间

上午9~10点，下午4~5点，这两个时间段比较适合外出晒太阳。

防晒装备

孕妇对日光中能使人晒黑的UVA更为敏感，遭遇阳光后，与其他人相比会产生更多的色素沉淀，面部雀斑也会加重，甚至有些色素痣还可能变成黑色素瘤。所以，在多吃含维生素C比较多的果蔬的同时，孕妈妈最好使用物理性的防晒霜，因为它很天然且不含铅，对胎宝宝没有影响。化学防晒霜或美白霜最好不要用，因为有的里面含有铅、铬等元素。

第 137~138 天
有趣故事会:《拔萝卜》

妈妈和宝宝变化

胎宝宝体重不断增加，孕妈妈的身体也在不断地适应。这时，孕妈妈可能会感到背部疼痛，要注意预防和缓解。

小白兔在一块荒废的菜地里意外发现了一个大萝卜，小白兔拔啊拔，可是萝卜太大了，他用尽全身力气也拔不出来。这时，小猴从这里经过，小白兔请他过来帮忙。小猴跟小白兔一起使劲拽，可大萝卜还是稳稳地插在地里头。

小猴看见小白兔着急的样子，说："别着急，小猪在附近的草丛中睡懒觉，我去把他叫过来帮忙。"小猴跑到草丛中叫醒小猪一起来帮忙，可是小猪也拔不动。这可怎么办呢？他们看着露出一圈红皮的大萝卜直发愁。一头身材魁梧的小熊走过来了，小熊得知他们是在为一个萝卜而发愁，不禁笑起来："看我的！"

小熊将小兔、小猴和小猪都赶到一边去，搓了搓手掌，想自己拔出萝卜。结果，他手一滑，摔倒在地上，啃了一嘴泥，萝卜还是没有动弹。

小猴说："这样不行，我们得一个拽一个，使劲往外拔，才能拔出来。"于是他们就站成一列，小熊打头阵，后面是小白兔，小白兔身后是小猴，小猴身后是小猪。正要开始时，听见一个声音说："算我一个！"大家到处找，找不见，最后在地上发现了一只小小的蚯蚓。

大家正疑惑着，又听见蚯蚓说："我帮你们松土，让大萝卜更顺利地被拔出来。"大家觉得有道理，于是让蚯蚓在地底松土，他们再使劲儿往外拔。拔啊拔，大萝卜终于被拔出来了！

潮妈奶爸心语

这个大萝卜，可真大啊，一只动物拿它没办法，只有大伙儿齐心协力，才能把萝卜从地里拔出来。宝宝你要记住，你生活在一个大家庭中，要同大家分享快乐，也要与大家共同承担责任和困难。

第139~140天
名画欣赏:《诱惑》

妈妈和宝宝变化

胎宝宝会吸吮拇指了,甚至会将脚趾放到嘴中了。孕妈妈会更明显地感受到胎宝宝的活动,包括那些更轻微、没有碰到子宫壁的。

这幅画的作者叫布格罗,是法国19世纪最受欢迎的画家之一。画中美丽的妈妈随性地伏在地上,拿着一个苹果,苹果又红又圆,可爱的小女孩望着妈妈,禁不住流露出了渴望的神情。整幅画充满浓浓的田园情调和美好、纯洁的视觉享受。

孕6月

你喜欢爸爸给你唱的歌吗

第21周 我越来越聪明了

我现在非常活跃，1个小时以内会活动50次，在妈妈的子宫里翻江倒海，即使是睡着的时候，也不会停下来。妈妈也许在白天感受不到我的存在，可是到晚上平静下来的时候，就会发现我的"健身运动"。要知道，这些运动能让我越来越聪明。

第141天 妈妈变出小兔子

妈妈和宝宝变化

随着胎宝宝神经通路的建立、扩展和成熟，他越来越可以自主控制身体的动作了。

今天，孕妈妈来做手影游戏吧！

手影游戏不仅锻炼了手部，还牵动了肩部、胳膊等部位，在中枢神经系统调配下完成。这样的活动能促进大脑皮层相应部位的生理活动，提高人的思维能力。利用这种原理，手影游戏能通过信息传递，促进宝宝大脑的发育。

可爱小兔子

第142~143天
带宝宝认识有趣的小动物

妈妈和宝宝变化

胎宝宝的指甲开始生长,但还没有硬化,这是为了防止胎儿抓伤自己,因为他还不能随意控制手的动作。

孕妈妈可以为胎宝宝准备一些常见动物的卡片,有绘画天分的妈妈最好能自己画,然后随便抽出一张,说出卡片上动物的名称和特征。这样能帮助胎宝宝辨认出可爱的小动物,增加胎宝宝的学习乐趣。

蹦蹦跳跳的青蛙

慢吞吞的蜗牛

长鼻子的大象

第 144~145 天
有趣故事会:《矮儿子们的生活》

妈妈和宝宝变化

胎宝宝的眼睑仍然是闭合的,大脑内部接收各种感觉的部分开始和处理信息的中枢建立连接。

从前,有一家人住在山脚下,包括爸爸妈妈和四个儿子。爸爸妈妈个子挺高,可是四个儿子个头都很矮。爸爸妈妈挺担心的,儿子们个头这么小,干活儿都干不动,将来可怎么生活啊?

爸妈的忧虑,儿子们都看在眼里。有一天,儿子们对爸妈说他们要出外谋生,学一门手艺。爸妈非常担心,可是觉得他们总待在家里也学不到什么,犹豫了一阵就同意了,但是要求他们一年以后必须回家来。

一年后,儿子们按时回家了。爸妈都挺高兴,想知道儿子们学到了什么谋生的手艺。

大儿子说:"我成天为了八只脚忙活。傍晚拎着灯到湖边,扔下一条粗绳子,八只脚看见灯光,就顺着绳子爬上来。等到半夜,我就能捉到二十多只。第二天我到市集把它们卖了,能得不少钱。"

二儿子说:"我为了六只脚忙活。"妈妈问:"是苍蝇吗?"儿子说:"苍蝇太脏了。等到春天天气暖和后,我把小箱子搬到田里,六只脚就开始采花酿蜜。它们酿的蜜特别多,除了我自己喝,还能剩下许多,我就把蜜拿到市集去卖,能卖好多钱。"

三儿子说:"我靠四条腿生活。去年我买了十几只,今年就变成三十多只了,一个个又肥又壮。我就是辛苦一点儿,日子过得也不错。"

最后,最小的儿子开口了:"我啊,就靠没有脚的东西过活。要是有个水塘,春天搁一桶苗进去,每天喂点儿饲料,没有脚的东西就会在水里快活地游来游去。"

听到儿子们的话,爸妈觉得很放心,高兴地笑了。

潮妈奶爸心语

宝宝，听完这个故事，你能知道四个儿子们都是靠什么过活的吗？八只脚、六只脚，一直到没有脚的都是些什么东西呢？好好想一想，它们都是我们生活中很常见的东西呢！

第146~147天
冥想让心绪安宁

妈妈和宝宝变化

孕妈妈最好每天进行恢复精力的训练，会感觉好很多。胎宝宝会慢慢形成固定的活动周期，拥有自己的作息规律。

胎宝宝的五官正在加速发育，开始具有五种感知能力，此时要给予胎宝宝良性的刺激。而孕妈妈在怀孕时，可能会有各种各样的烦心事，那么就用冥想来调整一下杂乱的心绪，给宝宝营造一个良好的内部环境吧！

冥想的两个姿势

冥想是指集中精神进行自我呼吸，抛除心中杂念，意念集中在呼气和吸气上，渐渐地，呼吸就能变得平缓，心情也能安定下来。

姿势一

盘腿而坐，下巴微收，拇指和食指连成圆环，掌心向上，双手自然地放于双膝处，闭目冥想。

姿势二

早上起床前或晚上睡前以"大"字的姿势躺在床上，放松全身进行冥想。

第22周 恒牙的牙胚在发育

我清醒的时间越来越长，喜欢听来自外界的音乐、谈话。当然啦，最让我百听不厌的一定是妈妈温柔的声音。我的牙齿在这时也开始发育了，这时候主要是恒牙的牙胚在发育。

第148天
诗歌欣赏：《远方》

妈妈和宝宝变化

孕妈妈会突然忘了要做什么，别担心，这只是"妊娠健忘"。胎宝宝的脂肪沉积很有限，皮肤很薄。

那天是如此辽远
辽远地展着翅膀
即使爱是静止的
静止着让记忆流淌
你背起自己小小的行囊
你走进别人无法企及的远方
你在风口遥望彼岸的紫丁香
你在田野捡拾古老的忧伤
我知道那是你心的方向

拥有这份怀念
这雪地上的炉火
就会有一次欢畅的流浪
于是整整一个雨季
我守着阳光
守着越冬的麦田
将那段闪亮的日子
轻轻弹唱

——安德鲁·怀斯

第149~150天
唱曲调优雅的《雪绒花》

妈妈和宝宝变化

胎宝宝的生长非常迅速，身体各处的细胞都不断分化、扩张、成熟；会使用脂肪来帮助生长发育，同时也会开始储存脂肪了。

本周开始，胎宝宝可以接受英语胎教了。只要你有意愿，随时可以开始。让胎宝宝早早熟悉一下英语环境，对胎宝宝将来的学习也很有帮助呢！

Edelweiss, edelweiss,
雪绒花，雪绒花，
Every morning you greet me.
每天清晨迎接我。
Small and white,
小而白，
Clean and bright,
纯又美，
You look happy to meet me.
总很高兴遇见我。
Blossom of snow may you bloom and grow,
雪似的花朵深情开放，
Bloom and grow forever.
愿永远鲜艳芬芳。
Edelweiss, edelweiss,
雪绒花，雪绒花，
Bless my homeland forever.
为我祖国祝福吧。

第 151~152 天
玩《愤怒的小鸟》

妈妈和宝宝变化

胎宝宝不断地对羊水进行过滤，并储存一种叫胎便的物质。胎便是无菌的，因为胎儿的肠道中没有微生物和气体。

对于孕妈妈来讲，平稳、乐观、温和、开朗的心境，对胎宝宝的身心健康有着非常重要的意义。要知道，在生活中充满了各种各样的乐趣，只要我们有一颗乐观开朗的心，生活的精彩将无处不在。

《愤怒的小鸟》是一款非常有趣的游戏，为了报复偷走鸟蛋的胖猪们，鸟儿以自己的身体为武器，仿佛炮弹一样去攻击胖猪们的堡垒。游戏里一共有七种小鸟，每种小鸟都有自己的本领，当小鸟被弹射出去的时候，它们的叫声让人忍俊不禁。孕妈妈们，就让我们来帮助小鸟，打败那些可恶的偷蛋猪吧！

第 153~154 天
有趣故事会:《丑陋的小刺猬》

妈妈和宝宝变化

孕妈妈在妊娠期的光彩照人以及突出的腹部,都在向大家宣布你是典型的孕妈妈啦!组成脊柱的椎骨包绕着脊髓,并为胎宝宝提供保护。

春天来了,森林里的动物纷纷从洞里钻出来,开心地到处游玩。可是小刺猬始终都没露面。热心肠的小松鼠就住在小刺猬隔壁,它想知道刺猬出了什么事,于是站在小刺猬的洞口问它:"小刺猬,你为什么一直闷在窝里不出来啊?"

过了一会儿,小刺猬怯生生地回答:"我,我怕看到别人。"

"那有什么好怕的?大家都非常友好呢,它们都等着能够同你交朋友。"小松鼠尽力安慰它。

"可是,可是,我,我长得太难看了,我身上全是刺,大家肯定会讨厌我的。"小刺猬犹豫半天终于说了。

"你有刺多好啊,要是大灰狼袭击我们,你还能保护我们呢,这可是优点啊!"小松鼠听完激动地说。

"可是,可是我嘴巴很笨,不知道跟别人说些什么好。"小刺猬终于怯生生地探出一个小脑袋。

"你不是也挺能说的吗?你看你刚才给自己找了那么多借口",小松鼠打趣地说,"你随便说些什么都行,我们动物俱乐部里有好多动物,大家都随便聊。俱乐部里还有美味的蜂蜜呢,你可别错过了啊!"

听到小松鼠这样说,小刺猬终于从洞里钻出来,加入了动物俱乐部,跟大家一起享受美好的春光。

潮妈奶爸心语

这世界上每一个人都有独到之处,是别人不能取代的。我们要相信自己,不断战胜自己。

第23周 能模模糊糊地看东西了

我的肺部组织及血管正在发育中，肺是宝宝最后发育完善的器官，还需要再过几个月，肺部才能完全发育。我的视网膜也已形成，具备了微弱的视觉，能模模糊糊地看东西了。

第155~156天
诗歌欣赏：《定风波》

妈妈和宝宝变化

有的孕妈妈坏情绪可能无处不在，可以尝试着痛快地哭一场，感觉会好很多。胎宝宝的感觉发育包括听觉和平衡感，在这时基本成熟。

今天，给胎宝宝读一首苏轼的词吧！看到"竹杖芒鞋轻胜马，谁怕"一句，孕妈妈是否会心一笑？对作者乐观、从容的人生态度是否心领神会？

定风波 苏轼

三月七日沙湖道中遇雨。雨具先去，同行皆狼狈，余独不觉。已而遂晴，故作此词。

莫听穿林打叶声，何妨吟啸且徐行。竹杖芒鞋轻胜马，谁怕？一蓑烟雨任平生。

料峭春风吹酒醒，微冷，山头斜照却相迎。回首向来萧瑟处，归去，也无风雨也无晴。

第157~158天
有趣的手指健脑操

妈妈和宝宝变化

孕妈妈偶尔会头晕，这在妊娠期很正常，并不意味着有任何健康问题。胎宝宝已经有了听觉，现在，令人惊奇的是，胎儿的记忆力开始发育了。

手指健脑操不仅可以用于健脑，而且能加强血液循环，使呼吸平稳，还有预防妊娠期高血压的作用。

挤压

手大大地张开，食指与拇指尖相触，恢复伸直。然后中指、无名指、小指做同样的动作。双手同时进行，反复3次。

弯曲

手指大大地分开，弯曲拇指，触及掌心，然后伸直、弯曲、伸直，快速做30次。

开放

十指伸直，指尖相触，同时将右手拇指向上伸，左手拇指往手掌内部伸，调动拇指动作，反复30次。

按摩

用拇指和食指在指甲部位的正面和反面按摩。每次用力均匀，每指数十次。

第 159~161 天
有趣故事会:《爱思考的小欧拉》

妈妈和宝宝变化

孕妈妈的身体变得笨拙,连走直线都比较困难了。胎宝宝有了手掌抓握反射,轻触手掌,就会握紧拳头;还可以有意识地吸吮拇指,而不是随机动作。

欧拉是世界上著名的数学家,不过,这个大数学家小时候居然还被学校除名了呢!

事情是因为星星而引起的。那个时候,小欧拉在教会学校念书。小欧拉有一次问老师:"老师,天上到底有多少颗星星啊?"老师为难了,他可真不知道这个答案,因为教会学校只教学生有关上帝的事情,他们认为一切都是上帝创造的。于是老师对欧拉说:"不管天上有多少星星,你只要知道,这全都是上帝嵌上去的就行了。"

欧拉特别奇怪:"天那么高,那么大,也没有扶梯,上帝是怎么把星星镶嵌上去的呢?既然星星都是上帝镶嵌的,他肯定会知道星星一共有多少颗啊!"

欧拉这样说,可把老师气坏了,小欧拉居然开始怀疑起上帝来,这是对神明的不敬。于是学校开除了小欧拉,他只能回家帮爸爸放羊去。

小欧拉回家后,一面放羊,一面自学。爸爸的羊越来越多,有一百只了,得造一个更大的羊圈。他拿尺子量出一块长 40 米,宽 15 米的地,算下来每只羊能有 6 平方米的地,篱笆就长(15+40)×2=110 米。可动工的时候发现他的材料只能建 100 米的篱笆。父亲很为难,欧拉却说没问题。

他以一个木桩为中心,将之前的长 40 米截成 25 米,宽 15 米延长成 25 米,变成 25 米边长的正方形。这样正好 100 米的篱笆长,而羊圈的总面积比之前还略大一些。

爸爸特别高兴,欢欢喜喜地按照欧拉的建议造了羊圈,可是心里头又觉得他这么聪明,放羊实在可惜。于是,爸爸想办法让欧拉结识了大数学家伯努利,经过伯努利的推荐,1720 年,欧拉 13 岁的时候,成了巴塞尔大学的学生,他是这所学校最年轻的大学生。

潮妈奶爸心语

聪明的小欧拉也跟牛顿一样，是个好奇宝宝，肯开动脑筋，遇到什么事情都会仔细考虑一番。宝宝，你要不要向他们学习呢？

第24周 感受妈妈的喜怒哀乐

虽然我看起来比较瘦，但很快就会增加脂肪了。我这时候在妈妈的子宫中占据了相当大的空间。我现在会踢腿，或者用小手捅妈妈的子宫，那是我在对外面的声音和触摸作出回应，说明我能感受到喜怒哀乐了。

第162~163天
火眼金睛找不同

妈妈和宝宝变化

从现在开始，胎宝宝将被定义为"可存活的"。但如果孕妈妈发生流产，在我国目前的条件下，生存概率仍很低。

请孕妈妈和胎宝宝一起来为下面两幅相似的图画找不同吧！一共有五处细微的区别，找到一处就用笔画一个圈作为标记。这个小游戏可以锻炼观察能力和持续关注力，现在就开始吧！

第164~165天
名画欣赏:《音乐课》

妈妈和宝宝变化

胎宝宝有了脂肪和一层坚韧细胞的保护,皮肤的抵抗力增加了。孕妈妈有可能会发生腿抽筋,可以做轻柔的按摩来缓解。

英国画家莱顿的这幅作品,描绘了音乐课上的场景。小女孩依在温柔的女教师胸前,弹拨着六弦琴,表情非常认真专注,显得天真烂漫,可爱无邪。孕妈妈看了这幅画后,是不是想自己腹中的宝宝也是这样聪明、专注呢?

第 166~168 天
顺产瑜伽

妈妈和宝宝变化

怀孕，有时候会让孕妈妈感觉到自己体内带着一个"暖气片"，这是由于体重和血液循环增加造成的。胎宝宝的外形越来越像新生儿了。孕妈妈要多练习瑜伽，能加强肌肉的强度，帮助更好地控制自己的气息，并帮助顺利分娩。

很多妈妈对于分娩既充满了期待又有很多的顾虑，期待看到宝宝，又害怕分娩过程中的疼痛。现在，孕妈妈来学习一下助力分娩的练习操和瑜伽，缓解一下紧张的身心，帮助顺利分娩。

转球蹲功

1. 坐在球上，小腿与地面垂直，大腿与地面平行。

2. 将骨盆内侧打开，尾骨内收，轻轻浮坐在球上。

3. 深吸气，吐气时按顺时针方向转动骨盆，自然呼吸，转动 5～10 次以后换成逆时针旋转。做 5 组。

孕7月

做些让胎宝宝更聪明的胎教

第25周 抓住自己的脚嘬个不停

我舌头上的味蕾正在形成，所以在这时候已经可以品尝到食品的味道了。我的敏捷程度超出了妈妈的想象，我可以轻松地抓住自己的脚，并津津有味地嘬个不停。

第169天
笑一笑：哪里景色好

妈妈和宝宝变化

由于体重的增加，孕妈妈可能会出现妊娠纹，它会在分娩后慢慢变浅。棕色脂肪组织已经出现，这些会为胎宝宝在出生后提供体热和能量。

今天，孕妈妈可以读些有趣的幽默故事，让自己的心情好起来，让胎宝宝也来分享！

哪里景色好

爸爸带着儿子气喘吁吁地爬到山顶。
爸爸说："快看哪，我们脚下的一片平原景色多好啊！"
"既然下面的景色好，我们干吗要花三个小时爬到上面来呢？"

第 170~171 天
戏曲欣赏：黄梅戏《天仙配》

妈妈和宝宝变化

在孕妈妈的子宫中，有天然的温度调节系统，能保证胎宝宝不会感冒。

戏曲是中华民族文化的一部分，有博大的内涵、悠长的韵味。现在，孕妈妈和胎宝宝就来欣赏黄梅戏《天仙配》的名段《夫妻双双把家还》吧！

黄梅戏《天仙配》描述的是玉帝最小的女儿七仙女和董永的爱情故事。穷书生董永卖身葬父，七仙女在天上看到了人间的情况，同情爱恋之余，不顾天规，在大姐的帮助下，下凡与董永结成夫妻，并用仙术将董永的工期由三年缩短为百日。当夫妻二人工满回家时，对以后的日子充满了向往，他们在回家路上的唱词就是《夫妻双双把家还》。

女：树上的鸟儿成双对，
男：绿水青山带笑颜；
女：从今再不受那奴役苦，
男：夫妻双双把家还；
女：你耕田来我织布，
男：我挑水来你浇园；
女：寒窑虽破能避风雨，
男：夫妻恩爱苦也甜；
男女：你我好比鸳鸯鸟，比翼双飞在人间。

大部分孕妈妈都听过这熟悉的唱段吧，再来回味一下舒展的旋律和浓浓的韵味，并在欢快跳跃的弦乐伴奏下感受七仙女和董永的归家喜悦之情吧！

在不久的未来，三口之家的美好生活即将开始，下班后飞奔回家，只为尽快亲亲宝宝的小脸。

第172~173天
有趣故事会:《做白日梦的小女孩》

妈妈和宝宝变化

孕妈妈可能会听到各种有关分娩的事情,不要害怕,做好充分的准备。

妍妍是个活泼可爱的小姑娘,脑子里有各种各样稀奇古怪的想法。不仅如此,妍妍每次都会做各种神奇的梦,在梦中她是超人,是大侠……还有各种新奇有趣的经历。爸爸妈妈都说妍妍是个做白日梦的小姑娘,成天做一些不着边际的梦。

暑假的日子好漫长啊,妍妍到外婆家去避暑,小舅舅在念大学,也在家过暑假。小舅舅每天四处去逛,就是不带妍妍,看妍妍伤心了,就给她买各种玩具。有一天,小舅舅给妍妍买了一盘碟回来,呀,是妍妍最喜欢的《花仙子》!妍妍看啊看,看到半夜了还舍不得去睡觉。后来还是外公出来关了电脑,强行把妍妍撵到床上去睡的。

妍妍躺在床上还在想《花仙子》的情节。想啊想,不知道什么时候,她好像来到了一片美丽的草地上,这里有很多很多长着翅膀的小姑娘,她们身上的翅膀跟纱一样薄,轻轻拍一下翅膀就飞起来了。妍妍也试着挥了一下手臂,发现自己也飞起来了,呀,自己也变成了一个长翅膀的小仙女!

妍妍跟那些仙女一起在花丛中翩翩起舞,花丛中的小蜜蜂忙忙碌碌的,妍妍跟蜜蜂说话,蜜蜂都不搭理。小花儿对妍妍说:"你别理他,他可忙了。等他忙完这一段时间,他自然会来找你玩的。"妍妍便跟漂亮的小花儿聊起天来。聊了一会儿,另外几个小仙女挥舞着翅膀飞过来:"妍妍,你愿意和我们去看那边的小湖吗?湖里有各种各样漂亮的小鱼儿。"妍妍于是依依不舍地同小花儿告别,跟随那些小仙女飞到一个漂亮的湖。

这湖可太漂亮了,湖水清清亮亮的,连湖底的水草和小石子都看得一清二楚。金色、红色、绿色、白色、紫色、蓝色……各种颜色的漂亮小鱼儿在水里游来游去。小鱼儿热情地跟妍妍打招呼:"妍妍,你要不要下来跟我们玩啊?"

妍妍很高兴,一头往水里扎进去。水好凉……她突然惊醒了。抬眼一看,见不到小鱼儿,只见舅舅正往自己脸上洒水呢!原来刚才的一切都是一场梦。

潮妈奶爸心语

小妍妍有这么多美丽可爱的梦,还梦见自己有了翅膀,在空中飞来飞去,跟花儿和小鱼儿聊天。宝宝,你会做什么样的梦?

第174~175天
学习帮助分娩的拉梅兹呼吸法

妈妈和宝宝变化

有些食物会让孕妈妈消化不良，但可以采取措施来缓解和预防。

拉梅兹呼吸法也被称为心理预防式的分娩准备法。掌握了这种分娩呼吸方法后，能够减缓生产时的疼痛，加速生产进程，有助于顺利轻松地进行生产。从孕7月开始，孕妈妈就可以进行练习了。拉梅兹呼吸法的5个步骤分别是：

分娩开始时	胸部呼吸	孕妈妈在感觉到子宫收缩时，用鼻子深深吸一口气，用嘴吐气，反复进行，直到阵痛停止再恢复正常呼吸
子宫收缩每2~4分钟1次时	嘻嘻轻浅呼吸	用嘴吸入一小口空气，保持轻浅呼吸，让吸入和吐出的气量相等。注意要完全用嘴呼吸，保持呼吸高位在喉咙，就像发出"嘻嘻"的声音。练习时间由连续20秒起慢慢加长，直至一次呼吸练习能达到60秒
子宫收缩每60~90秒1次时	喘息呼吸	先将空气排出后，深吸一口气，接着快速做4~6次短呼气，感觉就像在吹气球。练习时由一次呼吸练习持续45秒慢慢加长至一次呼吸练习持续90秒
阵痛开始	哈气呼吸	先深吸一口气，接着短而有力地哈气，如浅吐1、2、3、4，接着大大地吐出所有的气，就像在吹一件很费劲的东西。练习时每次需达90秒
子宫颈口全开	用力推	下巴内收，贴胸，用力使肺部的空气压向下腹部，完全放松骨盆肌肉。换气时，保持原有姿势，马上把气呼出，同时马上吸满一口气，继续憋气和用力，直到宝宝娩出。每次练习时，至少要持续60秒用力

第26周 听着外面的欢声笑语，我会拍手笑

本周是我听力和视力发育的一个重要里程碑。我的听力系统（耳蜗和外耳感觉末端器官）在第18周开始发育，现在已经完全形成了，我对声音越来越敏感。外界的声音通过子宫传进我的耳朵，会帮助我的耳朵发育。

第176天
诗歌欣赏：《竹枝词》

妈妈和宝宝变化

孕妈妈可以开始上分娩课程了，帮助了解妊娠、分娩和产后的知识。胎宝宝的面部轮廓很清晰了，能看清鼻子、嘴唇、下巴的线条。

今天，孕妈妈来读首古诗，和宝宝一起感受诗歌中美好的意境，体会诗人的情感。

这首诗采用了民间情歌常用的双关手法，含蓄地表达出微妙的恋情，尤其是最后一句的"晴"与"情"谐音，妙趣横生。

竹枝词　刘禹锡

杨柳青青江水平，
闻郎江上踏歌声。
东边日出西边雨，
道是无晴却有晴。

第 177~178 天
营养胎教：蔬菜和水产品不可少

妈妈和宝宝变化

虽然要花几年时间来了解孩子的个性，但胎宝宝在子宫中已经形成了某些偏好。

这一时期，胎宝宝的大脑正在迅速发育，准爸爸可以给孕妈妈做一些营养丰富的新鲜蔬菜和鱼类，在补充孕妈妈营养的同时，也可以帮助胎宝宝的脑细胞核进行分裂。

蒜蓉菠菜

原料
菠菜 200 克，蒜蓉 15 克。

调料
姜末、盐各 3 克，香油少许，植物油适量。

做法
1. 菠菜去根，择洗干净，焯水，盛出切段。
2. 锅置火上，倒油烧至五成热，下姜末、蒜蓉爆香，倒入菠菜翻炒至熟，加点香油即可。

剁椒蒸带鱼

原料
净带鱼段 400 克，剁椒 30 克。

调料
葱末、姜末各 5 克，料酒 10 克，盐 3 克。

做法
1. 带鱼段洗净加盐、料酒和姜末腌渍 20 分钟，摆入盘中，铺上剁椒。
2. 蒸锅水烧开，将带鱼放入，大火蒸 8 分钟左右撒上葱末即可。

第 179~180 天
你会玩胎动游戏吗

妈妈和宝宝变化

胎宝宝可以用手和脚做一些协调的运动了，如握拳、抓住自己的脚趾等。

聪明活泼的胎宝宝很喜欢妈妈温柔的抚摸，当你抚摸腹部的皮肤时，胎宝宝通过触觉能力可以感知到你的存在，还会跟你进行互动呢！坚持做胎动游戏，会让妈妈和宝宝更亲密。

第一步

保持舒服的姿势，等待宝宝做出踢肚子的动作。如果感觉到宝宝开始踢你了，要立刻轻拍踢中的部位。只要重复几次这一动作，胎宝宝就会再次开始踢那个位置。

第二步

如果感觉到胎宝宝作出了反应，就可以进行第二步了。找到胎宝宝踢中的部位，轻轻拍打，引起宝宝反复踢那个部位的兴趣，这时孕妈妈可以说一些鼓励和表扬的话。当然，如果没能达到这一步，也不要失望，只要多尝试几次，一定可以收到效果。

第三步

如果第二步也获得了成功，就可以继续进行了。一边开始念"啪啪"，一边拍打腹部两次。这时，你会觉察到宝宝相应传来两次踢的动作。是不是非常有趣？

第181~182天
有趣故事会:《智惩大灰狼》

妈妈和宝宝变化

孕妈妈可能会做梦,这是睡眠周期中自然和健康的一部分。这时候,也会出现令人不安的梦境,没关系,别担心。

一个晚上,一只大灰狼悄悄溜进树林里,踩着了一串喇叭花。喇叭花赶紧变成小喇叭播报起来:"大灰狼来啦!"听说大灰狼来了,小动物们没有吓得四处躲藏,他们正要找机会治治大灰狼呢!

大灰狼偷偷摸摸地溜到一间红房子跟前,透过窗户一看,哎呀,屋子里全是老虎,大的、小的,都在张牙舞爪,发出吓人的吼叫声。大灰狼吓得背部直冒汗:"天哪,这可是老虎大王的家呢,我还是赶紧走掉的好。"于是大灰狼夹着尾巴溜掉了。

大灰狼一走,一只小白兔就从衣柜后面蹦出来,呵呵地笑。原来,墙上的小老虎是小白兔自己画的,对面墙上的大老虎呢,是拿放大镜照出来的。那些吓人的老虎吼叫声都是小白兔买来的碟片。就这样,小白兔吓跑了大灰狼。

大灰狼看到一座小木屋,木屋里依稀有几个晃动的身影:"嗯,先拿这几个小鬼来充饥吧!"他猛地向屋子冲去。"哎呀!疼死我了!"大灰狼捧着狼爪痛得哇哇叫,一屁股坐在了地上,立刻像弹簧一样弹起来,捂着屁股打滚。

"哈哈哈!"几只小刺猬快活地从小木屋的窗口探头探脑。它们早就把带刺的衣服脱下来,铺在门口等着大灰狼呢!

大灰狼一瘸一拐地离开了这里,满肚子的火。突然间,他看到前面有一棵香肠树!大灰狼"噌"地一下蹿起来,把树上挂着的香肠吞下肚去。

"哎哟哟。"大灰狼很快捂着肚子惨叫着昏死过去了。"哈哈哈。"小狗往树上的这根香肠注射了药水,所以大灰狼会疼昏过去。

半夜时候,大灰狼终于醒过来了,可头还是昏昏沉沉的,他摇摇晃晃地走到一间小茅屋前,看见了一只雪白的小山羊。大灰狼向小山羊猛扑过去,只听得"嗷"的一声,大灰狼就倒在地上,再也没醒过来。原来,这只小山羊是一只带电的机器羊,大灰狼就这样被电死了。树林里的小动物们都高兴地拍手跳舞起来。

潮妈奶爸心语

大灰狼这个坏蛋，人见人厌，小动物们都想法子来治它呢！宝宝，你觉得小动物们的这些方法够不够好？

第27周 我已经学会打嗝了

我的大脑活动在27周时已非常活跃。大脑皮层表面开始出现特有的沟回，脑组织快速增长。我现在会常打嗝，每一次通常只持续几分钟。孕妈妈不用担心我会因为打嗝而不舒服哦！

第183天
胎教音乐：《月光》

妈妈和宝宝变化

孕妈妈停下来休息时，会发现胎宝宝开始活跃起来了，请把这看作胎儿一切正常的表现。胎宝宝的脐带会随着胎儿的生长而增加。

这首《月光》是德彪西的作品，曲子非常幽静，孕妈妈来感受一下吧！

什么时间听

孕妈妈在入睡前听，能镇静和催眠；在烦躁的时候听，能平静心情。

怎么听

孕妈妈一边听着优美的钢琴曲，一边轻拍肚子，想着月色幽静的景色，会感到心旷神怡，这可以让胎宝宝和孕妈妈同时进入梦乡。

关于这首曲子

《月光》是德彪西早期代表作《贝加马斯克组曲》中的第三曲，创作于1890年。组曲不但旋律优美，而且运用了色彩极其丰富的和声。

了解了这首曲子的背景，妈妈是不是更能感受到月光和生命的美好？

第 184~185 天
准爸爸讲笑话：千万别喝水

妈妈和宝宝变化

孕妈妈保护宝宝的天性越发展露无遗。胎宝宝经常伸舌头，尤其是在吞咽一大口羊水前后。

准爸爸要开始讲笑话了，宝宝已经非常熟悉爸爸的声音了，一听到爸爸浑厚深沉的嗓音就会显得非常开心。

千万别喝水

宝宝不小心，吞下一粒橘子核。邻居小弟弟对他说："你千万别喝水，我哥哥说'种子得到了水分和养料，就会发芽、生长'。你要喝了水，头上就会长出橘子树来！"

修雨靴

一场大雨过后，小灵拖着爸爸的一双大雨靴玩水。雨靴破了个洞，进水了。小灵想：这好办，只要再开个洞，让水流出去就行了。于是，她用剪刀在靴底又开了一个洞。可是雨靴里的水越积越多。小灵叹气了："到底要开几个洞，水才能出去呢？"

雨天求伞

一个下雨天，一位夫人走进一家咖啡馆询问侍者道："我昨天在这里喝完咖啡后，有没有留下一把雨伞？""是什么样子的伞呢，太太？""随便什么样子都行，只要是伞就行！"

伞状蘑菇

儿子："爸爸，蘑菇是长在潮湿的地方吗？"爸爸："是啊，长在爱下雨的地方。"儿子："噢，怪不得蘑菇要长成伞的形状！"

第186~187天
有趣故事会：《捞皮球》

妈妈和宝宝变化

胎宝宝的生殖器官已经发育就绪，男性胎儿的睾丸已经下降，女性胎儿的卵巢已经产生了所有的卵泡。

森林里住着好多好多小动物，他们都是好朋友、好伙伴，从小一起长大，天天在一起玩耍，形影不离。

有一天，几个好朋友到绿油油的草地上去玩皮球。谁想到，小熊力气大了一点儿，把皮球投到了草地边上一个大大的树坑里。这个树坑很深，小伙伴们都不敢下去。球捡不上来，没有别的东西可玩，大家都很着急，无精打采的。

小鸡只有一张尖尖的小嘴，她伸长脖子，想用尖嘴把皮球给啄上来，但是够了半天，连皮球的边都碰不着。

小象想用自己的长鼻子把皮球吸起来，可是坑太大了，他伸长了鼻子也够不到。

小猴不知道从哪里找了根树枝过来，可是他够啊够，也够不着皮球。

大家都蹲在坑边发呆，小猪觉得又困了，本来是坐着的，这会儿干脆躺下来。正当他迷迷糊糊的时候，突然听见一句："有办法了！"吓得他打一个哆嗦，赶紧坐起来。

原来是小熊在说话，小熊两眼亮晶晶的，满脸自信的微笑，他对大家说："我想出办法了。坑里现在是干的，要是我们把坑里灌满水，皮球自然就能浮到水面上来了，那么我们就能捞到它了！""是啊是啊，爸爸告诉我，说皮球软软的，是因为里面有气，在水里会浮起来。"小狗也激动地补了一句。

于是大家立马精神起来，纷纷找工具去拎水。小熊回家找妈妈要来了一个小水桶，用小水桶从附近的小河里拎水过来。小花猫回家拿了一个脸盆，小狗帮忙，他俩一起抬着水往坑里灌。小象呢，他的长鼻子就是最好的工具。他用鼻子到河里一下一下地吸满水，然后再把这水喷到树坑里。树坑里的水越来越多了，皮球也一点儿一点儿浮了起来。这下子，小象伸出长鼻子一吸，就把皮球吸到了。

小伙伴们又到草地上高高兴兴地扔皮球玩了。不过这一次，小熊可不敢太使劲了。

潮妈奶爸心语

宝宝，皮球软软的，能够弹起来，因为它肚子里有气，特别轻，所以会浮在水面上。你明白小熊为什么会用这个办法了吧？

第188~189天
儿歌简笔画：电扇

妈妈和宝宝变化

每一天，胎宝宝都在成长，孕妈妈对胎宝宝活动的感觉会更加清晰。

今天，孕妈妈来作画吧，可以给你的画涂上漂亮的颜色。当然，也可以尝试一下用最简单的白纸和黑色碳素笔来画一幅黑白画。因为新生儿对黑白的图片更加敏感，所以孕妈妈的画作还可以留着给胎宝宝出生后看，这些都是用来衡量宝宝记忆能力的必备道具。

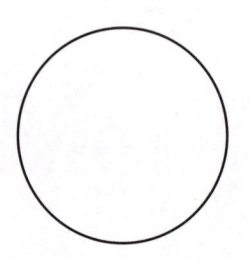

1. 圆脸娃娃真可爱

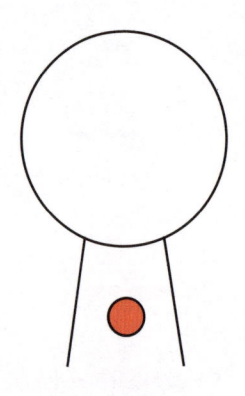

2. 胸前戴朵大红花

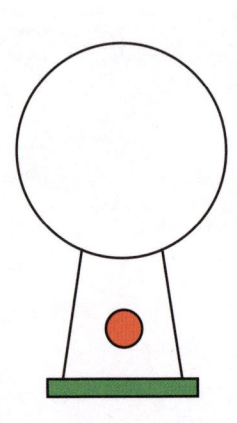

3. 坐在凳上看电视

4. 心里高兴笑开花

第28周 我是文静还是活泼,妈妈应该知道了

大脑组织的数量有所增加,眉毛和睫毛生长得更加完整。经过半年多的相处,妈妈应该也知道我的性格了吧?

第190天 认字儿歌唱起来

妈妈和宝宝变化

在此时,孕妈妈的事业和母亲角色的平衡感将被打破,要根据自己的情况规划好自己何时休假、何时回归岗位。

人	大	小	耳
先撇后一捺, 人字不分家。 入字捺出头, 分手便是八。	一人大,二人天, 天上太阳大一点。 大苹果,香甜甜, 分给大家尝尝鲜。	竖勾站中间, 撇点挂两边。 小孩变魔术, 小大合成尖。	横下两竖有短长, 小二耳朵里面藏。 古代有个大笨蛋, 掩耳盗铃真荒唐。

第191~192天
古诗欣赏：《春江花月夜》

妈妈和宝宝变化

胎宝宝已经形成了固定的作息规律，这种规律和他在出生后几周内的情况相似。

准爸爸，让我们来朗诵一首优美的唐诗给胎宝宝听吧！要知道，唐诗是中华文化的精髓，无数优美诗歌被人们代代传唱。这些诗歌所表达出来的美丽意境，不但陶冶了准爸爸的情操，也影响着胎宝宝。

春江花月夜
张若虚

春江潮水连海平，海上明月共潮生。
滟滟随波千万里，何处春江无月明？
江流宛转绕芳甸，月照花林皆似霰。
空里流霜不觉飞，汀上白沙看不见。
江天一色无纤尘，皎皎空中孤月轮。
江畔何人初见月？江月何年初照人？
人生代代无穷已，江月年年望相似。
不知江月待何人，但见长江送流水。
白云一片去悠悠，青枫浦上不胜愁。
谁家今夜扁舟子？何处相思明月楼？
可怜楼上月徘徊，应照离人妆镜台。
玉户帘中卷不去，捣衣砧上拂还来。
此时相望不相闻，愿逐月华流照君。
鸿雁长飞光不度，鱼龙潜跃水成文。
昨夜闲潭梦落花，可怜春半不还家。
江水流春去欲尽，江潭落月复西斜。
斜月沉沉藏海雾，碣石潇湘无限路。
不知乘月几人归？落花摇情满江树。

这首诗以写月开始，以写月落结，在从天上到地下这样广阔的空间中，有明月、江流、青枫、白云到水纹、落花、海雾等众多的景物。由春江引出海，由海引出明月，又由江流明月引出花林，引出人物，转情快意，前后呼应，若断若续，使诗歌既完美严密，又有反复咏叹的艺术效果。

第193~194天
动动脑猜字谜

妈妈和宝宝变化

胎宝宝打哈欠的动作更加协调，经常连续出现好几个；眉毛、睫毛和头发都在生长着。

下面的谜语都是打一个字，孕妈妈快来猜猜看吧！

1. 手无寸铁
2. 文武两全
3. 日落香残，洗凡心一点
4. 木字多一撇
5. 付出爱心
6. 半部春秋
7. 一勾新月伴三星
8. 一人一张口，口下长只手
9. 十个哥哥
10. 银川
11. 格外大方
12. 半青半紫
13. 走出深闺人结识
14. 皇帝新衣

答案：1.拿 2.斌 3.秃 4.朱 5.受 6.秦 7.心 8.奇 9.克 10.皆 11.回 12.素 13.娃 14.袋

第195~196天
名画欣赏:《摇篮》

妈妈和宝宝变化

胎宝宝的眼睑在多数情况下是闭着的,有时候,小手会放在眼前,能防止手指碰到眼球。

纱帐中,熟睡的宝宝纯洁安静,母亲手扶摇篮,温情凝视。温馨的母子之情从画面上弥漫开来,相信孕妈妈对此会有很深切的共鸣。看着贝尔特·莫里索的这幅《摇篮》,你是不是觉得对腹中小宝贝的爱意更加浓厚了呢?

孕**8**月

时睁时闭的
小眼睛

第29周　我能转头避开光线了

我的大脑神经元细胞正在飞速地生成，因此我的头部也在继续增大。现在，由于脑波运动，我甚至能够做梦了。我现在视觉发育很好了，有光线照射时，我的脖子会向着光线的方向转动。

第 197 天
认识"爱"这个字

妈妈和宝宝变化

在这一阶段出生的胎宝宝仍需要呼吸的辅助，但由于肺的成熟，出生后的生存率比之前有了明显提高。

看到"爱"这个字，孕妈妈是否一下子觉得有一股暖意从心底涌出？妈妈对孩子总是充满了无限的爱。爱是一种发自内心的情感，字典中它有着许多意义。现在，就来一起翻翻字典，了解一下"爱"这个字吧！

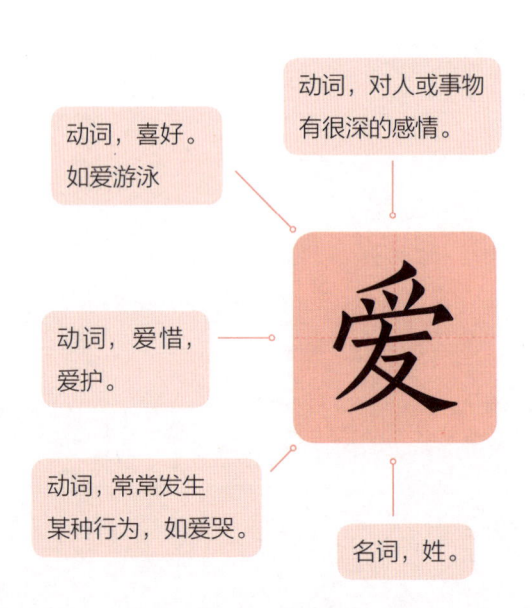

爱

- 动词，喜好。如爱游泳
- 动词，对人或事物有很深的感情。
- 动词，爱惜，爱护。
- 动词，常常发生某种行为，如爱哭。
- 名词，姓。

第198~199天
多双慧眼发现生活中的美

妈妈和宝宝变化

孕妈妈开始感觉自己的身体被巨大的肚子占据了，需要更好地照顾自己。

美育胎教要求孕妈妈通过听、看、体会等方式，将自己对美的感受通过神经中枢传递给胎宝宝。

听，即听音乐。在欣赏音乐时，孕妈妈可以选择一些主题丰富、意境饱满的作品。比如贝多芬的《月光奏鸣曲》、肖邦的《英雄波兰舞曲》、维瓦尔第的《四季》等，这些乐曲主题鲜明，能促使人们产生美好的情怀，有利于胎宝宝心智的发育。

看，即阅读和欣赏优秀的文学、绘画作品。孕妈妈可以读一些中外名著，比如俄国作家屠格涅夫的散文，我国古代诗词，外国诗人普希金、雪莱等的诗歌，安东尼·德·圣-埃克苏佩里的小说《小王子》以及国内外专门为宝宝们创作的优秀文学绘本等。孕妈妈在阅读这些文学作品时一定要边看，边思考，边体会，强化自己对美的感受，这样胎宝宝才能受益。

另外，孕妈妈还可以看一些名画，比如中国的山水画、西方的油画等。可以特意挑选一些反映母爱或儿童主题的作品，如美国女画家卡萨特的《洗澡》《蓝色沙发上的小女孩》或布格罗的《小淘气》《诱惑》等。在欣赏这些美术作品时，别忘了调动自己的理解力和鉴赏力，将美的体验传递给胎宝宝哦！

体会，指贯穿在听、看活动中的一切感受和领悟。孕妈妈可以适当地到大自然中走动走动，呼吸一下新鲜空气，体会一下大自然的生机勃勃，也许会对生命的顽强有所感悟呢！这个过程会让孕妈妈产生很愉快的心情，对胎宝宝的脑细胞和神经发育也有很好的促进作用。

第 200~201 天
有趣故事会:《父子扛驴》

妈妈和宝宝变化

孕妈妈可能会出现背痛，这在妊娠期并不是不可避免的，需要提前预防，可以经常变换姿势，不要劳累。

从前，有个父亲带着儿子到集市卖驴子。驴子在前面，父子俩在后面走。碰上一个路人说："这两人真傻啊，明明有驴子，还让驴子空着。"

父亲觉得这话有道理，于是让儿子骑在驴子上，自己牵着绳子在旁边走。迎面碰见一个熟人，这个人急坏了："哎呀，你怎么能这么娇惯孩子呢？你应该让孩子多锻炼，让他下来走。"父亲想想，的确有理，于是自己骑驴，让孩子在后面慢慢悠悠地走。

走着走着，他俩又遇见了一个挤牛奶的女工。女工看到这一幕，忍不住讥讽道："哎呀，这个父亲可真是狠心啊，自己骑在驴背上舒服自在，而让这么小的孩子在旁边走路。看这孩子路都走不稳，真够可怜的。"

"嗯，你这话也挺有道理的。"父亲觉得这样对儿子不公平，于是，让儿子也上了驴子。可怜这头驴子要驮着两个人，腿肚子都在打战，只能一步一步晃悠悠地往前挪，口里都快吐白沫了。不过，父子俩并没发现驴子的异常情况，还高高兴兴地在驴背上晃来晃去。

驴子蹒跚地走到教堂旁，长长喘一口气，停了下来。教堂前的一名牧师把父子俩叫住了："哎，请等一等。你们两个人倒是挺舒服，可让这么瘦弱的驴子驮着你们俩，它真够可怜的。你们打算上哪里去？"

"我们打算上集市去把这头驴子卖掉。"

"啊，这样可更不成了。你们这样子，不等进市场，驴子说不定就累死了。即便是不死，累得气喘吁吁的驴子估计也没人会买。"

父子俩听到这话也觉得有道理，于是听从了牧师的建议，把驴子扛着走。他们一路向前走，一路碰见的人都惊讶万分，天哪，还有这么蠢的人，居然不放驴

子下来自己走，这么费劲地扛着它！父子俩扛着驴子，一步一步向前挪动。驴子被扛在空中，四只脚不能着地，又被绳子勒得慌，喘不过气来，十分痛苦，忍不住扭动起来。父亲还很气愤："驴子，你也真是的，身在福中不知福，我们俩扛着你这么辛苦都忍着，你居然还动来动去的。"他们经过河边时，绳子断了，驴子一头栽进了河里。这个时节正好是水流很大的季节，一股洪流冲过来，驴子一下子就被冲走了，再也看不见，只剩下父子俩傻呆呆地在河边站着。

第 202~203 天
营养胎教：鱼让胎宝宝更聪明

妈妈和宝宝变化

胎宝宝的外表已经基本发育成熟，但内部的许多器官还需要进一步发育，甚至妊娠结束后，一些器官仍然在发育中，比如脑和肺。

准爸爸露一手的时间又到了。这一周，孕妈妈应该吃一些营养丰富的海洋食物，它们富含的营养成分与胎宝宝眼睛、皮肤、牙齿和骨骼的正常发育关系密切。今天推荐准爸爸为孕妈妈做清蒸黄花鱼。

清蒸黄花鱼

原料

净黄花鱼1条。

调料

葱丝、姜丝各5克，料酒10克，盐4克，蒸鱼豉油适量。

做法

1. 黄花鱼洗净，鱼身打花刀，用葱丝、姜丝、料酒和少许盐腌渍20分钟。
2. 蒸锅置火上，加水烧开后，将腌好的鱼大火蒸12分钟左右取出。
3. 锅内加油，烧至八成热，将热油均匀地浇在鱼身上，淋上蒸鱼豉油即可。

第30周 我会睁眼闭眼了

脑部在继续快速地发育，大脑和神经系统已经发展到一定的程度，大脑的发育非常迅速，皮下脂肪继续增长。我的眼睛可以开闭自如，大概能够看到子宫中的景象，还能辨认和跟踪光源。

第204天 教胎宝宝认识红色吧

妈妈和宝宝变化

孕妈妈的子宫中并不是完全黑暗的，随着妊娠的继续，进入子宫的光线会越来越多，胎宝宝会慢慢理解这些信息。

经过前面一段时间的胎教，胎宝宝已经从孕妈妈那里学到了不少东西。今天孕妈妈来教胎宝宝认识颜色，进一步培养胎宝宝的思维能力吧！

孕妈妈可以拿起一个红色的物体，例如红色卡片、红色气球、红色丝巾等，不断地对胎宝宝说："这是红色的。"然后再拿出另外一个红色物体，告诉他："这也是红色的。"然后把所有的红色物体放在一起，告诉胎宝宝："这些都是红色的。"

认识颜色的时间最好固定，要在胎宝宝醒着的时候进行。在教的时候，尽量重复"红色"这个词，避免提到其他颜色。其他颜色可留在以后慢慢教。

第 205~206 天
动手给胎宝宝做卡片

妈妈和宝宝变化

胎宝宝大脑的神经正在成熟。孕妈妈在还有精力来购物和帮助装饰的时候,给宝宝布置房间吧!

DIY 总是能够让人心情愉快,因为只需要你花一些小心思,动动手,就会拥有一件独一无二的小作品。孕妈妈今天就来尝试做一下吧!

花儿相框

1. 用硬一些的纸板或彩色卡纸裁成长方形当底板。
2. 把白卡纸裁成比底板稍小一些的长方形,贴在底板上面,这就是一个相框。
3. 把踏青采回的小野花粘在白卡纸上,或者用家里剩下的包装纸、碎布头剪出你想要的形状粘上去。
4. 配上漂亮的蝴蝶结和装饰品,美丽的相框就做好了!

第 207~208 天
准爸爸多抚摸宝宝

妈妈和宝宝变化

有时候，胎宝宝会打嗝，这是孕妈妈、准爸爸感受胎动最好的机会。因为打嗝会持续比较长的一段时间，而踢脚和撞击可能是非常随机的。

妊娠 7 个月后，由于胎宝宝的进一步发育，将手放在孕妈妈的腹部便能清楚地触到胎宝宝的头部、背部和四肢。今天，就让准爸爸来跟胎宝宝交流一下感情，摸摸胎宝宝的小胳膊、小腿吧！

触摸顺序

可由头部开始，然后沿着背部到臀部再到肢体，要轻柔有序，当胎宝宝感受到触摸的刺激后，会作出相应的反应。

触摸时间

可选择在晚间 9 时左右进行，并需要长期坚持，每次 5～10 分钟。在触摸时要注意胎宝宝的反应，如果胎宝宝是轻轻地蠕动，说明可以继续进行；如果胎宝宝用力蹬腿，说明你抚摸得不舒服，胎宝宝不高兴了，此时就要停下来。

一边爱抚一边跟宝宝说说话

准爸爸可以一边抚摸胎宝宝一边同胎宝宝说说话，这是父爱的具体表现，胎宝宝能够通过听觉和触觉感受到父爱的温暖。

晚上，准爸爸躺在妻子身边，可以和胎宝宝谈谈今天发生的趣事。例如："小宝宝，现在是晚上了，爸爸下班了。今天爸爸路过公园，看到那里的桃花都开了，特别漂亮！"当胎宝宝活动剧烈，妻子受不了时，可以告诉他："宝宝，这样会让妈妈难受的，要乖哦！"

只要准爸爸有耐心，和胎宝宝的谈话对于胎宝宝的成长是相当有益的。

第 209~210 天
有趣故事会：《蠢汉和毛驴》

妈妈和宝宝变化

孕妈妈还需要几周，血容量才会达到高峰，但循环系统的负荷已经超过了以往任何时候。当胎宝宝下降到骨盆中后，呼吸困难会有所减轻。

有个农夫蠢得出奇，常常被人骗。这天，他牵着家里的驴子到山坡上去吃草，路上见到两个骗子。

一个骗子特别善于看人，通过看这人的外貌、打扮，他就能猜出这个人是做什么的，是聪明还是蠢笨。看到这个蠢笨的农夫，骗子很想卖弄一把，便说："这个家伙蠢死了。你相不相信，我能够把他的驴子骗到手？"另一个骗子不相信，哪能一眼就看出来别人是蠢还是聪明呢？再说了，哪有人那么容易就被骗的？于是大骗子就跟另一个骗子打赌，赌注是一个月的晚饭。

大骗子鬼鬼祟祟地走到驴子前面，悄悄将笼头卸下来，套在自己头上，跟在蠢汉后面。另一个骗子乘机将驴子牵走。等到大骗子猜想同伴已经把驴子牵走，于是便站住不动了。蠢汉拽不动绳子，很是纳闷，回头看一眼，呀，驴子不见了，笼头上套着的是个大活人！蠢汉吓得半天说不出话来。

大骗子把笼头从脖子上取下来，说："有什么好怕的，我不就是你的毛驴吗？"

然后，大骗子一本正经地说，他是个酗酒的烂赌鬼。有一天晚上，他喝得醉醺醺地回家，他妈妈劝他不要再喝酒了。他不仅不听妈妈的劝说，还举起拐杖冲着妈妈劈头盖脸地打过去。他妈妈伤心极了，请求神惩罚这个不孝子。于是神就把他变成了一头愚蠢的驴子。可是后来，他妈妈不忍心看到儿子受苦，又请求神让儿子恢复原貌。

蠢汉听了这话，还以为是真的，于是连忙向骗子道歉。

蠢汉两手空空地回家了，老婆没看到驴子，问他出了什么事，他就流着眼泪将刚才发生的悲惨事情又叙述了一遍。老婆听了这话也以为是真的，以为丈夫做错了什么事情，神才会这样惩罚他。

过了一段时间，老婆发觉，家里没有驴子还真是麻烦，给钱让蠢汉上集市再买头驴回来。蠢汉来到集市，有一头毛驴他一眼就相中了，正掏钱的时候，觉得这驴子非常熟悉。仔细看一眼，就是他以前的那头驴子。蠢汉于是走过去，凑到驴子跟前准备说话。驴子看见了主人，高兴极了，兴奋得大叫起来。可是蠢汉悄悄说："这次我才不信你的话呢，你肯定是又喝醉了。"

说完，蠢汉转头就回家了，没有买驴子。

潮妈奶爸心语

宝宝，这个故事好笑吧？这个世界上，真的有这样的蠢汉吗？

第31周 我是会学习的小天才

我的肺部和消化系统已基本发育完成，从现在起，身高增长趋缓而体重迅速增加。脸部的皱纹减少了很多，胳膊和腿都变得丰满起来。我会辨认颜色了，是个能记忆、会学习的小小天才啦！

第211天
孕妈妈插花，装扮温馨居室

妈妈和宝宝变化

胎宝宝会将大部分时间花在睡觉上，而不是一直清醒着；胎宝宝打哈欠的频率将和出生后几周之内的水平相似。

孕妈妈可以在一间灯光柔和的房间里，尽量地放松自己，使自己的身体和精神都达到稳定的状态。选好自己喜欢的花朵和容器，根据自己的兴趣插出理想的效果，也可以参考一些专门的插花类书籍。

花儿与容器色彩搭配小妙招

就花材与容器的色彩配合来看，素色的细花瓶与淡雅的菊花有协调感；浓烈且具装饰性的大丽花，配釉色乌亮的粗陶罐，可展示其粗犷的风姿；浅蓝色水盂宜插低矮密集的粉红色雏菊或小菊；晶莹剔透的玻璃细颈瓶宜插非洲菊加饰文竹，并使其枝茎缠绕于瓶身。

第212~213天
认识数字

妈妈和宝宝变化

孕妈妈会发现，有时候胎宝宝特别活跃，有时候更为安静。子宫中还有空间供胎宝宝互动，但孕妈妈会发现胎宝宝的踢脚会经常出现在同一个地方。

今天，孕妈妈来教胎宝宝认识数字吧！

孕妈妈准备儿童认数卡片（可以去书店买，也可以自己制作），然后找个舒适的地方坐下，面带微笑，心中想象胎宝宝认真学习的样子，手抚摸胎宝宝，用清晰的声音从"1"念到"10"，还可以给宝宝念儿歌，把儿歌中的画面传递给胎宝宝。

1像铅笔会写字，2像鸭子水中游，
3像耳朵听声音，4像小旗迎风飘，
5像秤钩来称菜，6像哨子吹声音，
7像镰刀来割草，8像麻花拧一道，
9像蝌蚪尾巴摇，10像铅笔加鸡蛋。

第 214~215 天
有趣故事会:《猴子和螃蟹》

妈妈和宝宝变化

胎宝宝在子宫中,以及在出生后最初的几个月内,都是依靠母体的免疫系统来对抗感染的。

一只猴子在路上慢悠悠地走着。走着走着,突然肚子饿得咕咕叫。"哎呀!"猴子捡到了一颗柿子的种子。可是,这颗种子太小了,根本吃不饱。忽然,猴子看到小螃蟹正在辛苦地搬运一个饭团。

猴子说:"我太饿了,请分一点给我吧。"螃蟹摇摇头:"对不起,我家里还有好多宝宝等着呢,给你了,宝宝们就没有吃的了。"

猴子赶紧说:"那么,我用这颗柿子种子跟你交换行吗?种子虽然不能吃,可是你把它种下去,辛勤浇水,很快,它就能长成大树,每天都可以吃到很多红柿子呀!"听到猴子的话,螃蟹觉得有道理,于是拿饭团交换了那颗小小的柿子种子。

猴子拿到饭团,三口两口就吞下肚了。而螃蟹妈妈把种子当宝贝,回到家,小心翼翼地栽种。很快,柿子树结出许多红柿子。可螃蟹根本就够不着柿子啊!

这个时候,狡猾的猴子又来了,飞快地爬到高大的柿子树上,只顾着自己吃,还采了青柿子往树下的螃蟹们身上用力丢下去。青柿子砸中了螃蟹妈妈,它昏过去了。

第二天,螃蟹妈妈的好朋友栗子、蜜蜂和石臼来探望它,知道了这件事,决定好好教训这坏猴子。它们三个悄悄来到猴子家,埋伏起来。

栗子埋在火炉的灰堆里,蜜蜂悄悄停在水缸里,石臼藏在门口上头的屋顶上。猴子回来后,想要生火做饭。栗子"啪"的一声,从灰堆中弹出来,弹到猴子冰冷的屁股上。猴子以为被火苗烫伤了,哇哇大叫着打开水缸舀水冲一下屁股。它一打开水缸,蜜蜂便狠狠地蜇了它一下。猴子痛得跳脚,急忙往屋外冲去。正当这时,大石臼砰地一下压住了想要逃跑的猴子。

三个伙伴狠狠教训了坏猴子,猴子又痛又羞愧,决心再也不做坏事了。这次,猴子跟着它们来到螃蟹家,诚恳地向螃蟹们道歉,又爬到树上摘下好多好多香甜的红柿子。

潮妈奶爸心语

宝宝你看,坏猴子真倒霉呀,屁股痛死了。不过,当它改正错误之后,大家都原谅了它。它帮助螃蟹们摘柿子,自己也能吃到好多柿子呢!

第216~217天
什么是圆

妈妈和宝宝变化

孕妈妈开始考虑是自然分娩还是剖宫产了。最佳的分娩是在胎宝宝安全的情况下，母亲和胎儿都将创伤减少到最低。

今天孕妈妈来教胎宝宝认识圆形。孕妈妈要有意识地引导胎宝宝发现周围圆形的东西，并告诉胎宝宝它们是圆形的，以强化胎宝宝对圆形的认知。

认识圆形的方法

孕妈妈可以拿着一个圆圆的皮球，让皮球在地上滚来滚去，一边滚一边念儿歌："大皮球，圆又圆，滚来滚去真好玩。"皮球是圆形的，盘子也是圆形的，问问胎宝宝："还有什么是圆形的？对了，饼干、西瓜、太阳，都是圆形的！"同样的方法也可以用来认识其他形状。

圆圆的西瓜 　　圆圆的橙子 　　圆圆的足球 　　圆圆的太阳

第32周 我现在长出脚指甲了

我现在可能已经长出了满头的头发或者说绒毛，脚指甲也全部长出来了。我的皮肤变得比以前透明和粉红，那是因为脂肪层在皮肤下面沉积了。我的肺和胃肠功能接近成熟，已具备呼吸能力，能分泌消化液。喝进的羊水，经过膀胱再排回羊水中。

第218天 "推、推、推"的游戏

妈妈和宝宝变化

宝宝已经达到出生身长，但还是很瘦弱，需要增加脂肪和肌肉。

准爸妈可以轻轻从不同方位推动胎宝宝，动作一定要轻柔，感觉一下胎宝宝的反应，通常只要重复几次，胎宝宝就会响应。例如，当你轻轻推动胎宝宝，胎宝宝就会做出转身或是踢腿舞拳的动作。这样的互动实在太有趣了！准爸爸一定也要参与哦，可以一边做游戏一边与妻子和胎宝宝对话，能增进爸爸妈妈和宝宝的感情。

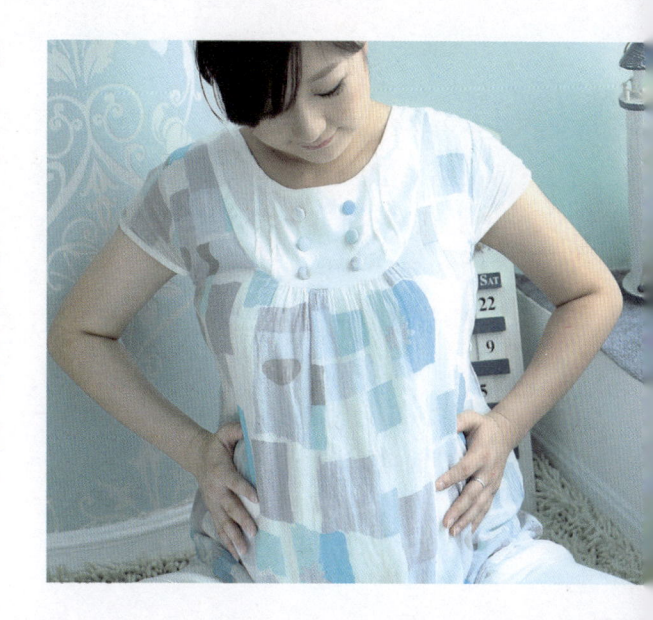

第 219~220 天
胎教音乐:《致爱丽丝》

妈妈和宝宝变化

孕妈妈听音乐时,胎宝宝会变得更加活跃,还会随着音乐的节奏活动甚至呼吸呢!

今天,孕妈妈来欣赏下贝多芬节奏欢快的《致爱丽丝》吧!

什么时间听

上午或下午的空闲时间,孕妈妈可以播放这首曲子,享受轻松愉快的悠闲时光。

怎么听

乐曲以回旋曲式写成,环绕基本主题,有两个对比性的插段:一是带有莫扎特风格的明朗、欢乐情绪的音调,在 F 大调上呈现;二是建立在低声部的 6 音持续音上,色彩暗淡,节奏强烈,表现了孩子气的烦恼情绪。但这两个插段都比较短小,通过一连串的快速音型,很快又引回到开始时那个朴素的旋律,从而构成一个表现美丽、单纯而活泼的少女性格的音乐形象。

关于这首曲子

《致爱丽丝》塑造了温柔、美丽的特蕾泽,乐曲欢快亲切,特别在后半部分左右手交替演奏分解和弦,犹如二人亲切地交谈。

1808 年至 1810 年,近四十岁的贝多芬教了一个名叫特蕾泽·玛尔法蒂的女学生,并对她产生了好感。在心情非常甜美、舒畅的情况下,他写了一首《致特蕾泽》的小曲赠给她。1867 年,在斯图加特出版这首曲子的乐谱时,整理者把曲名错写成《致爱丽丝》。从此,人们反而忘记了《致特蕾泽》的原名,而称之为《致爱丽丝》了。

第 221~222 天
打造优美的居室环境

妈妈和宝宝变化

随着胎宝宝肌肉组织和肌肉强度的增加，胎宝宝可以做出更复杂、更有力的动作了。

整洁、温馨的家居环境可以让孕妈妈心情舒畅，进而促进胎宝宝的成长发育。花点儿心思把自己的居室装扮一下，也是一种放松心情、释放对宝宝浓浓爱意的方式。

悬挂画片或照片

在空白的墙壁挂上几张可爱宝宝的照片，可让整个居室充满活力和温馨的氛围，还可以让孕妈妈产生很多美好的想象。而意境优美的风景画，可以增加居室的自然色彩，也可以引起人无限的遐想。你是喜欢可爱宝宝的照片，还是意境深远的风景画呢？抑或你还有更多更好的选择？只管根据你自己的喜好来把空白的墙壁装扮一新吧！

摆上盆花、插花

一抹绿，一点红，一缕清香。花朵能带给整个居室轻松、温柔的格调。无论盆花、插花装饰，均应以小型为佳，不宜大红大紫，花香也不宜太浓。孕妈妈身处被花朵装饰的雅致房屋里，一定会感到舒适而富有情趣。

悬挂优秀的书法作品

书法作品的内容常常是一些引人深思的名句，从中不仅能欣赏字体的美，还可以给自己更多积极的暗示，让自己更有智慧、勇气和自信。

在布置得非常优美的居室里，孕妈妈可以发展自己更广泛的兴趣，例如自己种一些花草，喂养漂亮的小鱼等，这些都能让你成为更加平和温柔的妈妈。

第 223~224 天
名画欣赏:《阿波罗和九个缪斯》

妈妈和宝宝变化

胎宝宝的姿势会对分娩造成影响,不过胎宝宝还有很多时间进行调整。

居斯塔夫·莫罗是法国象征主义画家,他的作品主要从基督教传说和神话故事中取材,有很强的隐喻性。

今天,孕妈妈来欣赏一下莫罗的《阿波罗和九个缪斯》吧!

看,在这幅画中,阿波罗裸体坐在树前,神色端庄,似乎正酝酿着某种灵感,而在他的背后是九个不同个性气质的缪斯。画家用写实的手法让画面充满了神话般的诗意,并强调了神话情节的庄重感与虚幻感,将浪漫气息和象征意义完美结合。你感觉到了吗?

孕9月

头部朝下 为出生做准备

第33周 不高兴时就皱眉

我的胎位应该已经是头位了，即头在下，臀部在上，为出生做准备。我的头骨还相当软，没有完全闭合，每块头骨之间都有空隙，这种可松动结构可以使我的头在经过相对狭窄的产道时有伸缩性。我高兴时会笑，不高兴就会皱眉了。

第225天 最强大脑动动动

妈妈和宝宝变化

随着孕妈妈腹部的增大，在走路时，会自然地扶着自己的肚子。可能会需要妊娠腹带，由弹性材料制成，可以为腹部提供支持，减轻背痛。

又到孕妈妈和胎宝宝齐动脑的时间了，下面的脑筋急转弯简单有趣，来猜猜看吧！

1. 小王是一名优秀的士兵，一天他在站岗执勤时，明明看到有敌人悄悄地向他靠来，为什么他却睁一只眼闭一只眼？
2. 两只狗赛跑，甲狗跑得快，乙狗跑得慢，跑到终点时，哪只狗出汗多？
3. 胖妞生病时，最怕别人探病时说什么？
4. 楚楚的生日在三月三十日，请问是哪年的三月三十日？

答案：1. 他正在瞄准 2. 狗不会出汗 3. 多保重身体 4. 每年的三月三十日

第 226~227 天
唤醒童年梦想的《龙猫》

妈妈和宝宝变化

现在每 40 分钟，胎宝宝吞入的羊水就会把胃充满，再经肾脏排到羊膜腔中。

《龙猫》这部动画电影非常适合全家人一起观看，它可以唤醒自己童年的记忆和梦想，使你和宝宝的心灵更加相通。

什么时间看

上午、下午或晚上的休闲时光，可以拿出一个多小时的时间来观赏这部影片。

怎么看

小女孩小月和妹妹小梅跟随爸爸搬入乡下新居，澄清的小河、茂密的森林、广阔的田野，住在其中的人、鸟、兽、昆虫，夏天的闷热、大雨、突然刮起的劲风、可怕的黑夜……《龙猫》的故事就在这样优美而充满魔幻现实主义风格的田园风光中展开。这部影片为孩子们编织出了一个纯真而快乐的梦想，让他们在生机蓬勃的大自然中奔跑、飞翔，传递出作者美好的心声。

关于这部影片

这是影片的创作者宫崎骏幼年时在家乡听到的传说。年少的他也曾经在草丛中寻觅龙猫的踪迹。那段在乡下度过的美好时光，始终让成年后投身于动画事业的他念念不忘。在这个为孩子们编织的精巧的梦的感召下，《龙猫》问世了。

准爸妈看了这部影片，是不是也想要和孩子们一起去聆听大自然的声音？说不定你也可以听到身旁龙猫的呼吸呢……

第 228~229 天
有趣故事会：《小狐狸的鲜花店》

妈妈和宝宝变化

胎宝宝的脸显得更加圆润了，有的会是胖乎乎的了；指甲已经长成，到达指尖。

小狐狸的花店刚开张没多久，前两天还有特别多动物上门买花呢，这两天一下子就变冷清了。鲜花卖不出去，都快打蔫了，小狐狸急坏了。

妈妈对小狐狸说："你好好想想，你有没有做错什么事情，让顾客不高兴？"

小狐狸仔细一想，哎呀，自己做错的事情还真不少。那天早晨，长颈鹿小姐打扮得漂漂亮亮的来买花，刚走进来，小狐狸正在给花喷水，不小心把水都喷在她漂亮的花裙子上了，连一句道歉的话都没说。长颈鹿小姐连花也没买，气呼呼地走了。之后海豚太太打电话要订一个大花篮，小狐狸那时正忙着打游戏呢，只顾"嗯嗯嗯"地回答，根本就没记下来送花的时间和地址。

当小狐狸说出这些事情时，妈妈气得浑身颤抖："妈妈平时是怎么跟你说的？对人要有礼貌，答应别人的事情一定要做到！你全都忘了？"

也是，都怪自己太过分，把大家都气走了，再也没谁来买花了。

小狐狸想了一整个晚上。第二天一大早，他就忙着把店里的鲜花搬到车上去。妈妈惊讶地问："你要做什么？"

"我去送花！"小狐狸扔下一句话，赶紧跳上小汽车开走了。

汽车停在一个漂亮的大花园前面，哎呀，真热闹啊！原来今天是长颈鹿小姐的生日，好多客人来给她庆祝呢！小狐狸举着一大束漂亮的鲜花进门了，老远就高叫："长颈鹿小姐，上次实在是对不起。送给您一束花，祝您生日快乐！"

"哎呀，没关系，我早就忘记那件事了。来，吃块蛋糕吧！"长颈鹿小姐高兴地说。小狐狸拿着蛋糕，真香啊，他都陶醉了。吃完蛋糕，小狐狸同大家告别，又开着车走了。

小狐狸又来到了水族馆，海豚们正在进行表演呢！看，皮球在海豚头上传来传去，特别好看。小狐狸也忍不住学着他们的样子想练习传球，刚弹了一下身子，结果就扑通一声掉进水里了。海豚先生赶紧冲过去把小狐狸救出来，小狐狸浑身是水，狼狈极了，大家看着开心地笑了。"哎呀，我是来给你们送花篮的，你们的表演太精彩了。"小狐狸赶紧说，带着一身的水跑过去把花篮抱来。

　　然后，小狐狸说花店还有事情要忙，拖着一身的水跟大家告别，钻进汽车里回家了。

　　第二天一早，小狐狸刚刚开门，就有好多好多客人来买他的鲜花。小狐狸都快忙不过来了，不过他再也没有做过不讲礼貌或是偷懒的事情了。

潮妈奶爸心语

　　小狐狸知错就改，赢得了大家的原谅，自己也很开心。

第 230~231 天
漂亮图画引发联想

妈妈和宝宝变化

胎宝宝在子宫中不断练习呼吸，再过一段时间，胎宝宝的肺部就会成熟到能在出生后提供呼吸了。如果在33周出生，胎宝宝仍需要辅助呼吸的支持。

孕妈妈可以准备一张美丽的图片，在胎宝宝睡醒的时候，最好在晚上7点~9点之间，打开优美的音乐，眼睛看着眼前美丽的图片，想着胎宝宝和你一起看，想象胎宝宝头脑里也有这幅画。面带微笑，手摸胎宝宝，语调适中，以清晰的语言描述内容，重复三遍；闭上眼睛，进行"映像传递"五分钟。结束后，双手搓搓脸，再听会儿音乐。这样的训练是为了培养胎宝宝的思维和联想能力。

好可爱的漂亮宝宝啊！

第34周 我要适应外面的世界

我会经常睡觉，这是因为我脑部正在飞速地发育。现在我的脑部已经包含了上亿的神经细胞，完成了更复杂的将神经细胞和神经细胞的突触连在一起的任务。我的脂肪层正在变厚，这些脂肪层在我出生后会帮助我保持体温。

第232~233天 准爸爸讲笑话：帮忙

妈妈和宝宝变化

胎宝宝可能已经形成了很好的头朝下的姿势。胎宝宝的头部是最重的，重力的作用会使子宫的形状有利于胎头向下。

很有趣的小笑话，可以增进夫妻感情，也能让宝宝怡然自得。

帮忙

在邮局大厅内，一位老太太走到一个中年人跟前，客气地说："先生，请帮我在明信片上写上地址好吗？"

"当然可以。"中年人按老人的要求做了。

"谢谢"，老太太又说，"再帮我写上一小段话。好吗？"

"好吧"中年人照老太太的话写好后，微笑着问道，"还有什么要帮忙的吗？"

"嗯，还有一件小事"，老太太看着明信片说，"帮我再加一句'字迹潦草，敬请原谅'。"

第 234~235 天
放松运动，顺利分娩

妈妈和宝宝变化

胎宝宝的听觉发育良好，对一些熟悉的声音正在建立记忆。孕妈妈碰到突然的响声或陌生的噪声会吓到胎宝宝，他会翻身或者心率加快。

孕妈妈现在要学会放松，并享受与胎宝宝共处的每一刻。放松运动有助于孕期健康和顺利分娩，但要注意不要做剧烈运动。

什么时间运动

早上、晚上都可以，拿出 20 分钟就够了。

如何运动

戴上耳机，调暗灯光，坐在舒适的椅子上或躺下，平静一会儿，脑子里什么都不想。孕晚期的孕妈妈可以用垫子支撑着腹部侧卧着。

伸展脚趾，感到牵拉力，然后慢慢放松，再摇动几下。

用力绷紧两膝和大腿肌，保持几秒钟，然后放松，让大腿向两侧摆动。

绷紧腹肌，给胎宝宝一个大的紧缩力，然后尽量放松，使胎宝宝的活动空间加大。

握拳，保持一段时间，然后松开手指。

尽量向上提肩，保持一段时间后再放下，反复进行，使双肩得到放松和舒适。

深呼吸，体会身体的感觉，让胎宝宝在越来越拥挤的空间里得到更多的氧气。

> **温馨提示**
>
> **适当运动帮助自然分娩**
>
> 要想自然分娩，孕妈妈每日最好步行 20 分钟。若是散步，时间不能太长，以不感到疲劳为宜。除散步外，孕妈妈也可以做一些力所能及的家务，适当慢慢地活动，有利于缩短产程。

第 236~238 天
儿歌:《小公鸡》

妈妈和宝宝变化

孕妈妈的肚子越来越大,几乎被胎宝宝占满,羊水的量每周都会减少一些。

这首《小公鸡》再简单不过了,只要学会两个小节,整首歌就都会唱了,有趣又好听,孕妈妈快带着胎宝宝唱唱看吧!

小公鸡

1=F 2/4

俄罗斯民谣
克拉谢失 改编

2 2 1 | 2 2 6 | 2 2 1 | 2 2 6 | 2 2 1 |
小公鸡,小公鸡,金鸡冠,真美丽,头上发光

2 2 6 | 2 2 1 | 2 2 1 | 2 2 6 | 2 2 1 |
亮晶晶,身上穿着五彩衣。为什么

渐慢

2 2 6 | 2 2 1 | 2 2 6 | 2 2 1 | 2 2 6 ‖
清早起,大声叫喔喔啼,吵醒了小弟弟。

第35周 头朝下为出生做准备

我的皮下脂肪增多,身体圆滚滚的。我已经完成了身体大部分的发育,从脚趾到头发。我的两个肾脏已经发育完全,肝脏也能够代谢一些废物了。我的头一点点朝下,为见爸爸妈妈做准备。

第239~240天
诗歌欣赏:《面朝大海,春暖花开》

妈妈和宝宝变化

胎宝宝正在眨眼,并学习如何聚焦,会对进入子宫中的光线作出反应了,即瞳孔会变大。

孕妈妈来读读海子的这首诗吧。这首诗以朴素明朗而又隽永清新的语言,描写了质朴的乡村生活,表现了崇尚自然和自由的精神。

从明天起,做一个幸福的人
喂马、劈柴,周游世界
从明天起,关心粮食和蔬菜
我有一所房子,
面朝大海,春暖花开
从明天起,和每一个亲人通信
告诉他们我的幸福
那幸福的闪电告诉我的

我将告诉每一个人
给每一条河每一座山取一个温暖的名字
陌生人,我也为你祝福
愿你有一个灿烂的前程
愿你有情人终成眷属
愿你在尘世获得幸福
我只愿面朝大海,春暖花开

——海子

第 241~242 天
戏曲欣赏:《天上掉下个林妹妹》

妈妈和宝宝变化

胎宝宝会伸舌头,这是吸吮反射建立所必需的。这种先天的反射可以帮助胎宝宝找到乳头,然后协调呼吸、吸吮和吞咽等一系列动作。

今天,孕妈妈和胎宝宝一起来欣赏中国第二大剧种——越剧的经典唱段《天上掉下个林妹妹》。

越剧长于抒情,以唱为主,声腔清幽婉丽、优美动听,表演真切动人,极具江南灵秀之气。这段《天上掉下个林妹妹》讲述的是黛玉刚来到贾府,看到"还愿"归来的宝玉,在相互见礼中,两人互相表述印象的精彩唱段。

这段婉转悠扬的唱段会让孕妈妈的心情得到放松,也是很好的胎教音乐素材。

宝玉:
天上掉下个林妹妹,
似一朵轻云刚出岫。
黛玉:
只道他腹内草莽人轻浮,
却原来骨格清奇非俗流。
宝玉:
娴静犹如花照水,
行动好比风拂柳。
黛玉:
眉梢眼角藏秀气,
声音笑貌露温柔。
宝玉:
眼前分明外来客,
心底却似旧时友。

第 243~245 天
古诗欣赏：《渭川田家》

妈妈和宝宝变化

孕妈妈仍要继续保持健康，现在所做的每一种努力都会让你的分娩受益。

唐代是中国古代诗歌的鼎盛时期，王维是田园派诗人的代表，其诗作有"诗中有画，画中有诗"的美誉，孕妈妈来感觉一下。

渭川田家 王维

斜光照墟落，穷巷牛羊归。
野老念牧童，倚杖候荆扉。
雉雊麦苗秀，蚕眠桑叶稀。
田夫荷锄至，相见语依依。
即此羡闲逸，怅然吟式微。

这首诗是描写田家闲逸的。诗人面对夕阳西下、夜幕降临、恬然自得的田家晚归景致，顿生羡慕之情。开头四句，写田家日暮时的闲逸景象。五、六两句写农事。七、八两句写农夫闲暇。最后两句写因闲逸而生羡情。全诗用白描手法，描绘了渭河流域初夏乡村的黄昏景色，清新自然，诗意盎然。

第36周 我还在继续长体重

我的肺已经完全成熟，但仅靠自身的力量还不能呼吸。覆盖在我全身的绒毛和在羊水中保护皮肤的胎脂开始脱落，我的皮肤变得细腻柔软，变得越来越漂亮了。我仍然在继续增长体重呢！

第246~247天
堆积木

妈妈和宝宝变化

有的孕妈妈脚踝和小腿会出现水肿，可抬高腿坐着，或躺在地上，把腿架在墙上，或者穿弹力袜等来缓解。

今天，孕妈妈教胎宝宝来堆积木。在孕晚期选择堆积木作为胎教内容，可以刺激胎宝宝的大脑良性发展。

选择颜色鲜艳、形状简单的积木作为道具，试着把积木排成长长的一列，然后再打乱，重新再排，并在脑海里把所看的信息形象化，通过意识传递给胎宝宝。

第248~249天
悦耳童谣唱起来

妈妈和宝宝变化

胎宝宝的肺已经做好了正常工作的准备，如果此时出生，肺可以为宝宝提供支持。目前，胎宝宝仍算未成熟儿，直到37周才算足月儿。

离胎宝宝降临的日子越来越近，孕妈妈继续为胎宝宝读点好听悦耳的童谣，让胎宝宝快乐地听着妈妈的声音，从而培养语言的潜能吧！

两只小兔

两只小白兔，
两只小白兔，
上山采蘑菇，
碰见只小鹿，
正在种萝卜，
红萝卜，白萝卜，
馋得小兔拍肚肚，
小鹿拔萝卜，
送给小白兔，
小兔吃萝卜，
忘了采蘑菇。

糊灯笼

红红糊个红粉灯笼，
芬芬糊个粉红灯笼。
红红糊完红粉灯笼，
糊粉红灯笼，
芬芬糊完粉红灯笼，
糊红粉灯笼。

第 250~251 天
名画欣赏:《墨葡萄图》

妈妈和宝宝变化

胎宝宝的心率非常快,在 110 ~ 160 次 / 分。出生后,宝宝的心率也会保持这个水平,需要几年的时间才会降低到成人水平,即 70 次 / 分钟。

徐渭,中年学画,笔法潇洒,妙趣天成,比较擅长写意花鸟景物。

孕妈妈看看这幅画,水墨葡萄一枝,茂盛的叶子以大块水墨点成,串串果实倒挂枝头,鲜嫩欲滴,形象生动,是不是很诱人呀?

第252天
有趣故事会：《小熊的苹果树》

妈妈和宝宝变化

孕妈妈的羊水量减少，胎宝宝活动的空间减少，被孕妈妈感受到的可能性增大，因为更多的活动会触碰到子宫壁。

小熊有一棵苹果树，它每天都给苹果树浇水、施肥、捉虫。小猴子、小花鹿和小山羊看见了，就跑过来与小熊一起给苹果树浇水、施肥、捉虫。小熊很高兴，说："等苹果熟了，我请你们吃。"

可是，一场风雨过后，小苹果都掉了。小熊很伤心，大家安慰它说："我们大家和你一起照顾苹果树，明年一定可以结出又大又红的苹果。"于是，大家重新开始浇水、施肥、捉虫。

忙着、忙着，小熊突然发现在一片密密的叶子中，还有一个大苹果。小熊刚想告诉大家的时候，却想到，只有一个了，给他们我自己就没有了。

在之后的日子里，大家仍然经常来帮忙照顾苹果树。小熊看着大家忙碌的样子，忽然明白，我们是好朋友啊！好朋友是要互相爱护、互相分享的。

于是，小熊再也不考虑自己有没有苹果的问题了，他决定带着大家去看那个又红又大的苹果。

潮妈奶爸心语

小熊最后明白了，好朋友之间应该互相爱护、互相分享。亲爱的宝宝，这也是你需要具备的品质哦！

孕10月

可爱的宝贝终于来了

第37周 我不能随意活动了

我现在的体重有3千克左右。我体内的脂肪增加到约8%，到出生时约15%。我现在正在练习呼吸，因为身体逐渐长大，空间太小，我已经无法做大的运动了。

第253~254天
爸爸妈妈玩跳棋

妈妈和宝宝变化

孕妈妈的大肚子给生活带来的影响越来越多，让孕妈妈行动不便，还改变了饮食习惯。

今天，准爸爸来和孕妈妈下跳棋吧！输赢的结果是次要的，重要的是通过这样的过程可以锻炼孕妈妈的逻辑思维能力，同时刺激胎宝宝大脑的良性发展。而且，相信其中的趣味还可以增进夫妻间的感情呢！

178

第 255~256 天
保健操让肌肉放松

妈妈和宝宝变化

胎宝宝已经做好了应对外部世界的准备，内耳和外耳都已经成熟，已经习惯了孕妈妈的血流声和心跳声，还认识孕妈妈的声音了。

孕妈妈沉重的身体加重了下肢的负担，学习一些放松下肢肌肉的方法，可以让自己的身体更加舒适，同时也是放松精神的一种方法。要告诉自己：爱运动的妈妈才有更健康的宝宝。

精神的松弛法

精神的松弛是肌肉松弛的先导。如果想松弛身体，要先摒除杂念，使情绪平静。操作方法为：缓慢地、均匀地呼吸，每一次吸气、呼气都要轻，不要太用力，要匀、细、绵、长。

肌肉的松弛法

孕妈妈先仰卧，然后用几个枕头把肩背部及膝关节垫高，要做到使自己感到舒适。全身各个部分的肌肉轮流进行收紧和放松，可以从脚趾开始。

大腿肌肉练习法

怀孕期间孕妈妈的大腿要承受增加了胎宝宝重量的上半身的压力，能否使下半身的血液顺利回流、减少下肢水肿，都取决于大腿的功能状态。因此可以通过每天适当步行来活动大腿，不要只是坐着或躺着。

按摩松弛法

1. 屈膝坐好，用两只手捏住左脚，两手的大拇指放在脚背上。将两个大拇指并齐，沿两根脚趾骨的骨缝向下按摩。按摩 2～3 分钟后换另一只脚。

2. 盘腿坐好，抬起左脚，将右手的四根手指（除大拇指外）从左脚的脚底方向全部插进脚趾缝里，刺激脚趾缝。做 1 分钟左右，然后换另一只脚。

第 257~259 天
体味不同风格的音乐

妈妈和宝宝变化

孕妈妈可能会有初乳分泌。保持乐观心情，不要压力太大，多数女性都会有足够的母乳来喂养宝宝。

胎教音乐可以多元化，因为不同的旋律、不同的节奏会带给胎儿不一样的感受和影响。欢快的、沉静的、梦幻的、激情的、淳朴的……不同演奏形式、不同艺术风格的乐曲，可以让胎宝宝在广阔丰富的音乐海洋中自在畅游。

推荐给孕妈妈的七首乐曲

1.《梦幻曲》——罗伯特·舒曼

这首曲子自然、清丽、流畅，孕妈妈可以仔细地感受一下。

2.《培尔·金特》组曲中的《在山魔王的宫殿里》——格里格

这首曲子节奏感很强烈，充满激情，孕妈妈可以感受其中的力度与节奏。

3.《维也纳森林的故事》——约翰·施特劳斯

这首曲子优美动人，可以让孕妈妈感受到春天早晨的气息。

4.F 大调第六号交响曲《田园》——贝多芬

这首曲子细腻动人、朴实无华、宁静安逸，孕妈妈可以沉浸其中享受宁静。

5.《拉德斯基进行曲》——老约翰·施特劳斯

这首曲子旋律欢快，节奏感强，孕妈妈可以在激情澎湃中感受无限活力。

6.《摇篮曲》——勃拉姆斯

这是妈妈哄宝宝入睡的乐曲，节奏简单轻柔，像一首抒情诗，孕妈妈可以在乐曲声中与胎宝宝说说话。

7. 小提琴协奏曲《四季·春》——维瓦尔第

春的旋律轻快愉悦，孕妈妈可体会到一片春意盎然。

第38周 我皮肤滑溜溜的

我的指甲已经长到了手指和脚趾的末端,头发长到了2厘米左右。我身上原来的一层细细的绒毛和大部分白色的胎脂逐渐脱落,是一个皮肤滑溜溜的漂亮宝宝啦!

第260~261天
诗歌欣赏:《你是人间四月天》

妈妈和宝宝变化

胎宝宝已经足月,特征已经非常明显。从现在开始,胎宝宝只是在储存脂肪来增加体重,以便产后供能和维持体温。

我说你是人间的四月天,
笑响点亮了四面风,
轻灵在春的光艳中交舞着变。

你是四月早天里的云烟,
黄昏吹着风的软,星子在
无意中闪,细雨点洒在花前。

那轻,那娉婷,你是,
鲜妍百花的冠冕你戴着,
你是天真,庄严,

你是夜夜的月圆。

雪化后那片鹅黄,你像;
新鲜初放芽的绿,你是;
柔嫩喜悦,水光浮动着你梦中期待的白莲。

你是一树一树的花开,
是燕在梁间呢喃,
——你是爱,是暖,
是希望,你是人间的四月天!

——林徽因

第 262~263 天
有趣故事会:《橘子月亮》

妈妈和宝宝变化

在子宫中再待一段时间对胎宝宝有好处,但他的发育已经完成,成为足月儿。

中秋节到了,小鹿送给笨笨熊一大筐橘子。橘子真甜啊,笨笨熊停不了嘴,很快就只剩下一个了。笨笨熊想,要是能有一棵橘子树就好了。于是他将最后那个橘子种在院子里,每天浇一桶牛奶。

一个星期了,怎么还不见橘子树呢?笨笨熊在地里挖啊挖,怎么都找不到那个橘子了。笨笨熊问小猴:"是你偷了我的橘子吗?"小猴说:"是呀!你看天上,我把你的橘子种天上去了。"

笨笨熊抬眼一看,天上果然有个圆圆黄黄的大橘子,周围还有好多橘子核。于是他说:"谢谢你,小猴子。"

笨笨熊很高兴地跑去对小白兔说:"小白兔,你看,我的大橘子种在天上啦!"

小白兔说:"你笨啊,那是我送给小玉兔的花篮。你看,小玉兔把花篮里的花撒得满天都是。"

笨笨熊气哼哼地回家了,等着橘子树长成。

一个星期过去了,笨笨熊发现糟了,圆圆的大橘子只剩下一半了。

笨笨熊跑去问淘气狗:"你见到谁偷吃我的橘子了吗?我在天上种的橘子就剩半个了。"

淘气狗抬头一望,说:"哎呀,那是一口大金锅,里头全是好吃的。"笨笨熊气坏了,跑到院子里坐着,看谁去偷吃橘子。可是一个星期过去了,笨笨熊发现,橘子就剩下一瓣了,橘子核倒是越来越多。

笨笨熊很伤心,在家里蒙头大睡,一个星期后,他再看一眼天上,哎呀,那瓣橘子长成大半个了。又过了一个星期,笨笨熊发现,橘子变圆了,看起来鲜美多汁。

潮妈奶爸心语

宝宝你看，天上的橘子天天都在变呢，一瓣，一瓣，又一瓣，变成了一个圆圆的大橘子，你想吃吗？

    可是夜里一声惊雷，笨笨熊抬眼一看，天上的橘子不见了！笨笨熊找啊找，怎么都找不到，坐在一棵大树下伤心地哭了。"咚"，好像有什么东西滚进怀里，"呀，天上的大橘子掉下来啦！"

    第二天，笨笨熊把橘子一瓣一瓣送给朋友们。剩下最后一瓣，他咽了口口水，把它种在院子里了。

第 264~266 天
营养胎教：吃点催产菜

妈妈和宝宝变化

每一天，临产的可能性都增加一点。孕妈妈可能有假宫缩，这有助于松弛子宫颈。胎宝宝周围的羊水保证他不会感受到这种轻微的收缩。

快要进入产房了，孕妈妈此时需要吃饱、吃好，为分娩准备足够的能量，促进分娩尽快完成。所以今天请准爸爸下厨为孕妈妈做一款催生食品，助孕妈妈一臂之力。

红烧海参

原料

水发海参 100 克，瘦肉、白菜各 200 克。

调料

姜丝、葱丝、高汤、酱油、盐、糖、料酒、淀粉、蚝油、香油、胡椒粉、花生油各适量。

做法

1. 将盐、糖、酱油、料酒、高汤调成煨料。再将蚝油、淀粉、香油、胡椒粉、清水调成芡汁。
2. 将水发海参、姜丝、葱丝放入开水内煮5分钟，捞出海参，除去内脏洗净，切丝。瘦肉切成丝，加入酱油、淀粉、花生油拌匀，待用。白菜洗净，入沸水中焯一下捞出。
3. 锅中下入花生油烧热，放入姜丝、葱丝爆香，加入海参及煨料煮至海参软烂，放入瘦肉丝炖2分钟后加入白菜、芡汁，炒熟上盘即可。

第39周 我随时都准备出来了

我所有的身体器官都已经准备好了,此时出生各种身体机能都能正常运作。我的肺部是最后一个成熟的器官,在出生后会建立起正常的呼吸模式。

第267~268天
进行光照胎教啦

妈妈和宝宝变化

越来越接近临产,孕妈妈可能会感到度日如年。保持活力可以让时间过得更快。

当胎宝宝醒来时,孕妈妈用手电筒的微光,一闪一灭地照射腹部,重复三次,可促进胎宝宝视觉功能的健康发育。你可以一边做,一边和胎宝宝说话,例如告诉宝宝"现在是早晨或中午"。应该特别注意的是光照胎教切忌用强光照射,且时间不宜过长。也可以在晒太阳的时候,摸着自己的腹部,告诉胎宝宝,现在是什么时间,天上有没有云朵,阳光有多温暖,外面的世界有多美丽。

第 269~270 天
有趣故事会：《香喷喷的花伞》

妈妈和宝宝变化

在最后的两周，胎宝宝的体重持续增加，皮下脂肪不断沉积。如果现在出生，也是胖嘟嘟的样子了。

青蛙呱呱正在田野大街上卖米糕。呱呱一遍又一遍地叫卖："卖米糕，香香甜甜、松松软软的米糕！"可是没一个人来光顾他的小摊。阳光越来越烈，看着一块块米糕都被晒得发硬了，呱呱只好推着小车往家走。

呱呱走到大门口，碰上了邻居乌龟大叔。

乌龟大叔关切地问："呱呱，你的米糕都卖完了吗？"

呱呱伤心地摇头说："唉，今天太倒霉了，一块米糕都没卖出去。这些米糕本来松松软软的，现在都快被太阳烤成石头了。"

呱呱说："我本来有一把伞的，但是上次刮大风，伞面都被刮破了。伞架我还搁在角落里呢！"

乌龟大叔想一下说："你赶紧把伞架拿给我，我帮你装一个新的伞面。"

呱呱非常高兴，赶紧进屋把伞架拿出来，交给乌龟大叔。乌龟大叔家门口有一个花园，花园里有各种各样美丽的鲜花。他把伞架拿回来，摘了很多很多花瓣，用针线仔仔细细地把花瓣缝起来，做成一块五彩斑斓的伞面，装到伞架上。

第二天太阳又很大，阳光烤得人发昏。呱呱赶紧撑开花伞，将火辣辣的太阳挡在伞外，很是舒服。花朵缝制的伞面散发出好闻的香味，在街道飘散开来。

"哎呀，好香啊，闻起来还有点甜丝丝的。"猪太太鼻子一向都很灵。

羊太太正巧走在猪太太身边，说："你看，这香味是从卖米糕的那边飘过来的。"

猪太太仔细一看，还真是这样，她于是说："那我得买几块米糕带回家去，既然这么香，那米糕肯定很好吃。"

听到猪太太这样说，大家都跟着她来到呱呱的小摊前。呱呱带来的一推车米糕很快就卖光了，大家生怕抢不到，还叮嘱呱呱从家里多拿一些米糕过来。

潮妈奶爸心语

乌龟大叔给青蛙呱呱制作了漂亮花伞，帮助呱呱卖掉了米糕，呱呱快乐，乌龟大叔也高兴了。亲爱的宝宝，帮助别人也是一种快乐哦！

呱呱的生意从此以后一天比一天好。乌龟大叔也非常高兴，又种了一大片鲜花，争取每天都能帮呱呱换一个新的鲜花伞面。

第271~273天
这样缓解产前焦虑

妈妈和宝宝变化

马上就要到最后的时刻了，孕妈妈会觉得有些紧张，但同时又很兴奋。

临近分娩，孕妈妈很容易紧张焦虑，所以此时的情绪调节很重要。如何来缓解产前焦虑呢？

知根知底就不会有无谓的担心。让自己了解分娩的全过程及可能出现的情况，了解分娩时该怎样配合医生，提前进行分娩前的训练，对减轻孕妈妈的心理压力会有很大的好处。

做好充分准备

定期做孕晚期的检查，丈夫此时要全程陪伴妻子，让妻子感受到家人对自己的关爱。

进行积极的心理暗示

多想一想宝宝，一想到马上就要见到日思夜想的小家伙了，是一件多么让人高兴的事啊！告诉自己"我的身体调养得很好，生宝宝没问题""宝宝和我一起在努力"等，这些积极的心理暗示会让你信心倍增。

适时入院待产

如情况良好，孕妈妈无须提早进医院待产，因为医院里的气氛会让孕妈妈产生紧迫感。因此在出现分娩征兆前，准妈妈应安心在家待产，当出现明显的征兆时，就可以去医院待产。

温馨提示

帮助孕妈妈保持产前好状态的生活方式

1. 保持良好的饮食习惯，均衡摄入营养。
2. 记录饮食情况，保证每日摄取所需的营养。
3. 学习一些新生儿护理的知识。
4. 学习分娩知识，参加分娩学习班。
5. 按摩乳房，为即将到来的母乳喂养做好准备。
6. 坚持锻炼，这会让你的分娩过程更加顺利，还会让你产后恢复得更加迅速。

第40周 我会在这一周内出生

我所处的羊水环境有所变化，原来的羊水是清澈透明的，现在由于我身体表面绒毛和胎脂的脱落，以及我分泌物的产生，羊水变得有些浑浊，呈乳白色。胎盘的功能也逐渐退化，直到我娩出即完成使命。根据预产期，我将会在这一周出生。

第274~276天 引人入胜的填字游戏

妈妈和宝宝变化

如果孕妈妈选择剖宫产，一般可以在这时候进行。选择这个时机是为了避免分娩出现意外，也可避免胎儿过早出生。离预产期越近，对胎儿越有好处。

孕妈妈填好后给胎宝宝多念几遍，别忘了把这些成语的意思也解释给他听哦，他可是非常好学的宝宝呢。

一字千（ ）枝玉（ ）公好（ ）马精（ ）采飞（ ）眉吐（ ）象万（ ）军万马

答案：
一字千金 金枝玉叶 叶公好龙 龙马精神 神采飞扬 扬眉吐气 气象万千 千军万马

第 277~278 天
早早准备好待产包

妈妈和宝宝变化

胎宝宝的骨骼已经有了一定的硬度，但是骨化的过程会一直持续到青春期。

必备钱物

1. 现金与医保卡。一般的医院，顺产费用为 1400 ~ 2000 元，剖宫产费用为 4000 ~ 5000 元（以北京地区为例）。如果有医保卡，要记得与钱放存一起。

2. 检查单据。它可以及时向医护人员反映孕妈妈的身体状况、胎盘功能及胎儿情况，以提前做好应对各种突发情况的准备。

3. 证件。夫妻双方的身份证、户口簿、结婚证及宝宝的准生证等。

妈妈的生活用品

1. 餐具：1 套餐盒、勺子、筷子、洗涤灵。

2. 洗漱用品：牙膏、软毛牙刷、漱口杯一套；脸盆 3 个，洗脸 1 个，洗脚 1 个，洗下身 1 个；毛巾 4 条；热敷乳房 1 条，洗脸 1 条，洗脚 1 条，洗下身 1 条。

3. 衣服和帽子出院时需要穿戴。

4. 拖鞋。产妇在分娩后需要一双舒服的鞋子。

5. 收腹带。特别是剖宫产的产妇，收腹带可以避免伤口裂开，很有必要。

6. 水杯和吸管。方便孕妇饮水。

7. 产妇专用坐垫。可以保护产妇生产时受伤的会阴部位。

妈妈的哺乳用品

1. 哺乳衫应选择前开襟的衣服，方便妈妈喂奶。

2. 哺乳期专用胸罩应选择全面无钢架设计，可以防止产后乳房下垂。

3. 乳垫可以吸收溢出的乳汁，至少要准备两对，以便换洗。

4. 靠垫可以让孕妈妈舒服地靠在上面喂奶。

5. 消毒湿巾。在喂奶前后，用不含酒精的消毒湿巾清洁乳房、乳头。

第 279~280 天
宝宝如约而至

妈妈和宝宝变化

孕妈妈已经怀孕整整 40 周了，经过漫长的等待，马上就要见到宝宝了。

幸福的时刻终于来临，你的宝贝是什么样子呢？赶快用照相机记录下他出生时的模样，留下他的小手印、小脚印作为纪念，并展示给亲朋好友吧！

宝贝，你好

姓名： 小名：

出生日期： 星座：

生肖： 身长：

体重：

爸爸妈妈的一句寄语：

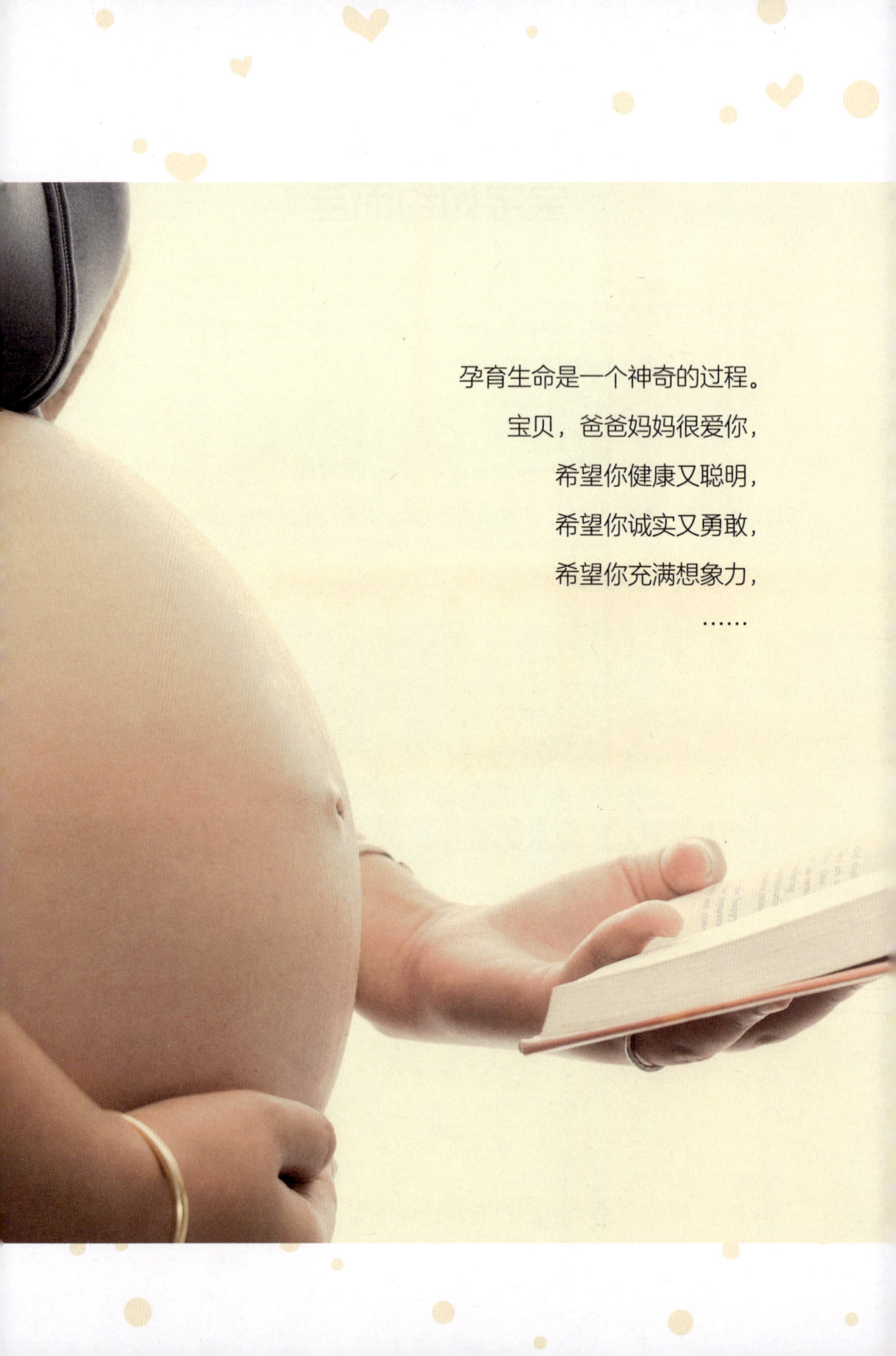

孕育生命是一个神奇的过程。
宝贝，爸爸妈妈很爱你，
希望你健康又聪明，
希望你诚实又勇敢，
希望你充满想象力，
……